大学生职业生涯规划与研究

郭娟　刘靖靖　王辉洪　著

北方文艺出版社

哈尔滨

图书在版编目（CIP）数据

大学生职业生涯规划与研究/郭娟,刘靖靖,王辉洪著.-- 哈尔滨:北方文艺出版社,2024.12.

ISBN 978-7-5317-6497-7

I.G647.38

中国国家版本馆CIP数据核字第2024HL3560号

大学生职业生涯规划与研究

DAXUESHENG ZHIYE SHENGYA GUIHUA YU YANJIU

作　　者 / 郭　娟　刘靖靖　王辉洪

责任编辑 / 邢　也

封面设计 / 郭婷

出版发行 / 北方文艺出版社

发行电话 /（0451）86825533

地　　址 / 哈尔滨市南岗区宣庆小区1号楼

邮　　编 / 150008

经　　销 / 新华书店

网　　址 / www.bfwy.com

印　　刷 / 北京四海锦诚印刷技术有限公司

字　　数 / 200千字

版　　次 / 2024 年12月第 1 版

开　　本 / 787mm × 1092mm　1/ 16

印　　张 / 15.5

印　　次 / 2024 年 12 月第 1 次印刷

书　　号 / ISBN 978-7-5317-6497-7

定　　价 / 68.00 元

前 言

随着社会经济的迅速发展和就业形势的日益复杂化，职业生涯规划对于大学生的未来发展具有深远的影响。职业生涯规划不仅仅是选择一个职业，更是一个系统的、自我认识和发展的过程。通过职业生涯规划，大学生可以更好地了解自己的兴趣、能力和职业目标，从而在就业市场中占据有利位置。大学生可以深入了解自己的兴趣爱好、性格特点和职业倾向。这一过程不仅有助于大学生明确自己的职业方向，也有助于他们在学业和生活中做出更加明智的决策。例如，某些大学生可能通过职业生涯规划发现自己对某一特定领域具有浓厚兴趣，从而选择相关的课程和实习机会，提升自己的专业素养和竞争力。

明确的职业目标可以引导大学生在学业和生活中有针对性地努力。设定合理的职业目标不仅有助于大学生集中精力，更有助于他们在职业道路上稳步前进。例如，一名希望成为软件工程师的大学生，通过职业生涯规划可以了解该职业所需的技能和经验，从而在大学期间有针对性地学习编程、参与相关项目和实习，提高自身的职业素质。在当今竞争激烈的就业市场中，具备明确职业规划和相关技能的大学生更容易获得用人单位的青睐。大学生可以有计划地积累实践经验和职业技能，提升自己的就业竞争力。

本书契合了当前大学生职业规划的客观需要，全面系统地介绍了大学生职业生涯规划与研究的相关知识。从内容上看，书中首先从职业生涯规划基础出发，包含职业生涯规划概述、发展理论、大学生活与职业目标；接下来分析了自我认知与社会职业认知，重点阐述了职业生涯决策与行动、适应与发展、规划与实施，最后研究了大学生职业生涯规划与创业教育的融合，内容全面，资料详细，注重知识性和趣味性。从写作特点上看，每章内容观点明确，分析到位，实用性强。本书可作为各院校学生职业生涯规划指导读物，也可作为广大社会待岗人员求职就业前的参考读物。

本书由长春建筑学院郭娟、长春建筑学院刘靖靖、陕西艺术职业学院王辉洪著。具体撰写分工如下：郭娟负责第六章至第八章的撰写工作（共计14万字），刘靖靖负责第一章至第三章的撰写工作（共计12.3万字），王辉洪负责第四章和第五章的撰写工作（共计11.1万字）。

作者在写作本书的过程中，借鉴了许多前辈的研究成果，在此表示衷心的感谢。由于本书需要探究的层面比较深，作者对一些相关问题的研究不透彻加之写作时间仓促，书中难免存在一定的不妥和疏漏之处，恳请前辈、同行以及广大读者斧正。

目录

第一章 职业生涯规划基础

第一节 职业生涯规划概述

一、职业生涯规划的含义

职业生涯是指一个人的职业经历。它是一个人一生中所有与职业相联系的行为、活动及相关的态度、价值观、愿望等的连续性经历，也是一个人一生中职业、职位的变迁及工作、理想的实现过程。职业生涯规划是指在分析、测定职业生涯主客观条件的基础上，对自己的兴趣、爱好、能力、价值观、职业素质等进行综合分析与权衡，确定最佳的职业奋斗目标，并为实现这一目标做出行之有效的安排。简单地说，职业生涯规划就是对整个职业经历进行规划。

二、职业生涯规划的特点

（一）个性化

个性化是职业生涯规划最重要的特征，它是由个人性格、价值观、思维方式、行为方式、对成功的评价等方面的差异性决定的。职业生涯规划不是别人强加在个人身上的实施方案，而是个人在内心动力的驱使下，结合社会和企业的发展，依据现实条件和机会所制订的个性化的发展方案。尽管家庭、企业、社会环境对个人职业生涯规划有着重要的影响，但其发展的动力和源泉还是来源于个人的自尊。

（二）开放性

职业生涯规划具有开放性。个人是职业生涯规划制定和执行的主体，但这并不意味着个人闭门造车、独自完成，也不意味着必须一次完成终身不变。职业生涯规划的开放要求个人与外界尽可能多地交换信息，与家人、老师、上级、下级、朋友、职业顾问等交换意见，广泛听取他们的建议，并充分利用测评工具测定职业潜能。同时，职业生涯规划是使人全面发展的一种有效工具，而不是固定的行为模式，需要根据客观环境、自身条件的变化等及时进行调整。

（三）指导性

职业生涯规划作为个人职业发展和行动的方案，发挥着指导性的作用。它能够指导大学生全方位地整合信息，以科学的态度进行职业规划和职业选择，正确地选择自己的职业和发展道路；指导大学生有效地解决思想上及行为上的问题，引导大学生进行积极的职业准备，在未来的职业发展中有较强的目的性和计划性，在困惑的时候不盲目、不慌乱。

三、职业生涯规划的意义

职业生涯将伴随我们一生，拥有成功的职业生涯能帮助我们更好地实现完美人生。大学阶段是一个人学习专业知识和技能的关键时期，也是个人素质提升的重要时期。但在这个职业生涯的起点，很多同学是盲目的，不能根据社会需要、自身素质和个人理想做出正确的规划，一旦规划失误，将面临职业生涯重新开始的难题，甚至可能导致整个职业生涯不顺利。因此，职业生涯规划对大学生来说具有特别重要的意义。

（一）有助于发掘自我潜能，增强个人实力

职业生涯规划能引导个人正确认识自身的个性特质、现有与潜在的资源优

势，从而重新定位自己的价值并使其持续增值。可以引导个人对自己的综合优势与劣势进行对比分析。帮助个人明确职业发展目标与职业理想。还能引导个人评估目标与现实之间的差距，从而做出与实际相符的职业定位。也可以帮助个人搜索或发现新的职业机会。

（二）有助于明确发展目标，提升成功概率

职业生涯规划的功能在于为职业生涯设定目标，并明确达成目标所需要的步骤。制定目标是一个探索的过程，这个过程可以帮助我们逐渐厘清什么是有价值、有意义的。目标可以为我们带来希望，指明方向，从而让我们在职业生涯中突破重重内外障碍，最终努力实现既定目标。因此，好的规划就是成功的开始。

（三）有助于不断完善自我，提升竞争实力

随着社会的不断进步，竞争越来越激烈。要想在激烈的竞争中脱颖而出并保持立于不败之地，做好个人职业生涯规划是重中之重。职业生涯规划是结合自身及职业特点制订的具有理论支撑、科学性和可操作性较强的指导性计划，可以促使我们运用科学的方法、采取可行的措施，有针对性地学习相关知识、参加相关培训和实践，以不断增强自身的职业竞争能力。

（四）有利于增强职业发展后劲

由于缺乏职业生涯规划方面的指导和长远打算，不少大学生长期没有职业定位，在职业发展过程中随波逐流。这种情况会对大学毕业生产生很多不利影响：一方面，难以在一个合适的领域内积累必要的工作经验，进而不能为今后的职业发展奠定坚实的基础；另一方面，影响职业的稳定发展。而无论是一个不具备应有职业技能和经验的求职者，还是频繁跳槽的求职者，都难以得到用人单位的青睐。相反，经过系统的职业生涯规划培训的大学生一般都有明确的职业定向，在择业时一般都很慎重，能够确定与自身素质相匹配的职业目标，

并能根据自己的职业目标和职业发展路线来推动自己的职业发展。也就是说，职业生涯规划能够有效地降低因入职不匹配而导致的离职率，并增强大学生的职业发展后劲，使其在职业发展道路上走得更快、更远。

四、职业生涯规划的类型

按照规划的时间维度，职业生涯规划可分为短期规划、中期规划、长期规划和人生规划四种类型。短期规划：两年以内的规划，主要用于确定近期目标。中期规划：2~5 年的规划，主要用于确定中期职业目标和任务，是最常用的一种职业生涯规划。长期规划：5~10 年的规划，主要用于设定较长远的职业目标，以及为实现此目标所应采取的具体措施。人生规划：整个职业生涯的规划，时间跨度长达 40 年左右，主要用于设定整个人生的发展目标。

在实际操作中，由于环境和个人情况的变化通常难以把握，因此时间跨度太大的规划对现实活动的指导意义往往很有限。而时间跨度太小的规划容易受规划执行情况的影响，所以人们一般把职业生涯规划的重点放在时间跨度为 2~5 年的中期规划上，这样既便于根据实际情况设定可行目标，又便于随时根据现实的反馈进行修正或调整。

五、职业生涯规划的原则

（一）社会需求原则

职业是一种社会活动，它必定受到社会的制约，如果职业脱离社会需求，将很难被社会接纳。大学生进行职业生涯规划时应把握社会对人才的需求状况，以社会需求作为出发点和落脚点，以使职业生涯规划具有现实性和可行性。此外，个人的职业发展与社会发展有着密切的关系。个人需要利用社会所提供的适宜条件来满足个人的职业发展需要。同时，个人必须为社会作出贡献，履行自己的社会义务。个人的发展必须顺应社会的发展，个人的职业规划必须满足社会的需求。只有这样，个人才可能有较好的职业发展。

（二）利益结合原则

利益结合原则即个人发展应与企业发展、社会发展相结合，个人在进行职业生涯规划时应处理好个人与企业、个人与社会之间的利益关系，寻找个人发展与企业发展、社会发展的结合点。无论是就业还是自主创业，个人的职业发展都离不开企业或其他社会组织。个人是在一定的社会环境和企业环境中发挥才干的，必须接受社会和企业的现实状况，认可企业的目标和价值观念，并把自己的价值观念、知识技能和努力集中于企业的需要和发展上。因此，个人在进行职业生涯规划时应遵循利益结合原则，对自己进行恰当的定位。

（三）提升能力原则

职业生涯规划必须与提高综合能力相结合。知识经济时代是崇尚创新、呼唤创造力的时代，因此，个体在进行职业生涯规划时应注重培养推陈出新、以创新为荣的意识；应树立终身学习的思想观念，不断更新知识结构，有针对性地“充电”，使自己具有广博的知识和开阔的视野，以适应瞬息万变的社会形势，跟上时代发展的潮流；应注重个性发展，用已有知识探索未知世界，解决新问题，创造新机会，努力成为社会的强者。在此过程中，个体还应认识到个体智慧的局限性，认清团结协作的重要性，培养团队精神；在人际交往中培养良好的沟通能力，以便与他人友好合作。唯有如此，才能在职业生涯发展中不断提升自己的综合能力，更好地应对知识经济时代的各种挑战。

（四）时间梯度原则

人的生命是短暂的，职业生涯更为短暂。人们从20岁左右开始工作，到60多岁退休，职业生涯只有40年左右。除去生活的时间，直接用于工作的时间非常有限。同时，由于人生具有多个发展阶段和多个职业生涯周期，因此职业生涯规划的内容必须分解为若干个阶段，并划分到不同的时间段。每一个时间段都有“起点”和“终点”，即“开始执行”和“完成目标”两个时间坐标，有利于人们按期完成规划任务。如果没有明确的时间规定，那么职业生涯规划就会陷于空谈。

（五）综合评价原则

综合评价原则即对职业生涯进行全过程和全方位的综合评价。由于个体的职业发展是分阶段的，发展目标也是分阶段实现的。因此，个体在进行职业生涯规划过程中应注意对阶段目标的进展和完成情况进行评价，并适时反馈和调整，以使职业生涯朝着正确的方向发展。同时，综合评价原则可以促进个人在职业生涯、个人事务、家庭生活三个方面协调发展。

第二节　职业生涯发展理论

一、生涯与职业生涯

（一）生涯

“生涯”一词最早见于《庄子·养生主》的“吾生也有涯，而知也无涯。”其中“生”指的是生命，“涯”则指的边际、限度、边界。庄子上述这句话的意思是人的生命是有限度的一段时期，然而知识却是无限的。生涯结合则是指在人的生命历程之中，与人的生命相联系的经历、生活道路、职业、专业、事业等方方面面。美国职业规划大师唐纳德·E. 舒伯（Donald E. Super）认为，生涯就是一个人在生活里各种事件的方向与历程的融合体，其贯穿了人一生中各种职业角色和各种生活角色，同时生涯也是个人终其一生所扮演的各种角色的过程，由时间、广度和深度构成。时间就是个人生命的时间长度，广度则是个人在一生中扮演的角色量，深度是个人在每个角色中所投入的精力。

1. 生涯的特性

“生涯”就是每个人所拥有的有限人生历程，其具有以下6个方面的特性：一是时间连续性，即每个人的生涯发展都是一生之中连续不断的过程；二是方向性，即每个人的生涯都是由生活中各种事态的连续演进为方向；三是独特性，即不同的人的生涯发展都是独一无二的，和人的个性、行为等相关联；四是主动性，即每个人作为主体，是自身生涯的主动塑造者；五是现象性，即只有个人去探寻生涯时它才会存在，否则生涯就是一个隐藏于表象的过程；六是空间综合性，即任何人的生涯通常都是以生活中的各种角色综合而成，其以事业的角色为核心，包含了所有其他与工作有关的角色和与工作无关的角色。

2. 深入理解生涯

通常情况下，个人的整个人生主要包含3个阶段，一是少年阶段，是个人快速成长、学习、习惯养成、生长发育的主要阶段；二是成年阶段，其时间跨度较大，同时也是人生中最重要的一个阶段，在此阶段，个人的经历异常丰富且复杂；三是老年阶段，即快速衰落的阶段，包括精力、身体、思维等各个方面的衰落。一个人一生中的3个阶段所经历的事态综合起来就是个人的生涯，可以从以下4个层面对生涯进行深入理解。

首先，生涯不仅是连续的过程，更是一个终身发展的过程，其并不指代个人某个特定的工作阶段或生活阶段，而是一个贯穿其生命起始和末端，需要终身学习和发展的过程。

其次，个人的生涯通常是一个不断选择和创造的过程，其并非处于固定不变的状态，而是时刻处于权衡、妥协和选择的过程中，不同的选择和创造模式，造就了不同的个人生涯。

再次，生涯还是个人价值观、信念、规划和目标影响之下形成的一个发展体，其因个人的抱负、动机、目标等逐步形成，发展，并随着个人的行动而逐步实现，最终成为独特的历程。

最后，个人的生涯并非以独立角色存在，而是时刻处于多角色交互的过程中。例如，在人生的少年阶段，扮演的主要角色是学生、子女、朋友等；在成年阶段，扮演的主要角色是配偶、家长、子女、持家者、学生、朋友等。在同一个时期个人所扮演的所有角色都会相互发生作用，这就需要个人能够恰当地整合和安排不同的角色，打造出更精彩的生涯。

（二）职业生涯

1. 职业生涯

职业生涯的概念，曾经随着社会发展和时代的推移发生过多次变化，如在20世纪70年代，职业生涯专指个人生活中和工作相关的各个方面。然而随着时间的推移，更多新的意义被纳入了职业生涯的概念之中，其中包含了生活中有关个人、集体、国家、社会及经济的方方面面。中国职业规划师协会将职业生涯定义为人的一生中的职业历程。其中包含了一生中所有与职业相关的行为、活动及态度、价值观、目标、愿望等，同时也是个人一生中职业和职位的变迁、职业目标实现的过程。在人的一生中职业生涯是生活的核心主体，在整个人生中占据着极为关键的位置，对个人实现人生价值起着决定性作用。

职业生涯是一个动态的过程，每一个工作着的人，不论职位高低、成功与否、何种职业，都拥有独特的职业生涯。通常个人会对自身的职业发展有一定的控制能力，即职业生涯可以通过个人的管理实现变化和发展。通常职业生涯的发展是以个人潜能开发为基础（包括智力开发、技能开发、心理开发、生理开发、伦理开发等），以工作内容的确定或变化、工作业绩的评价和评估、工资待遇和职务的变动等为标准，来实现个人的人生价值时所有工作经历、内心体验、精神成长的总和。

2. 认识职业生涯

根据中国职业规划师协会的定义，职业生涯可以细分为两个方面的内容，一方面是内职业生涯，即从个人的角度来认识职业生涯，指的是个人从事各种职业时，自身的知识、观念、经验、能力、心理素质、内心感受、身体素质等各个因素的变化过程和综合影响。完全是基于个人而言的内容，是他人无法窃取和替代的人生经历和财富。另一方面则是外职业生涯，即从外在职场的角度来认识职业生涯，指的是个人在从事各种职业时，其工作时间、工作地点、工作单位、工作内容、工作职务、工作环境、工资待遇等各个因素的变化过程和综合影响，其主要是随着内职业生涯的发展而变化，同时会有明显的外在表象。

内职业生涯和外职业生涯融合起来就构成了个人的职业生涯，二者之间具有千丝万缕的关系，主要表现在以下3个方面。一是内职业生涯的发展，是外职业生涯发展的前提，内职业生涯可以带动外职业生涯的变化，即个人内在的心理、经验、观念、感受、知识、技能等的提升和变化，会令外职业生涯出现巨大的变化。二是外职业生涯通常是由他人决定和给予，因此容易被他人剥夺和否定，但其对个人职业生涯造成的影响有限；而内职业生涯主要是个人的获取和探索，属于个人的隐性财富，不会因外职业生涯的变化而丧失。三是二者会相互影响。当内职业生涯略微超前时，个人会感受到工作得心应手、游刃有余；当内职业生涯超前较多时，个人会感受到工作比较浪费自身能力；当内职业生涯超前太多时，个人会明显感受到工作不适合自身，应该寻找更好的职业。当外职业生涯略微超前时，个人工作过程中会产生动力，以推动内职业生涯的各个因素发展进步；当外职业生涯超前较多时，个人工作过程中会有一定的压力，虽然也会推动内职业生涯的各个因素发展进步，但心理会较为疲惫；当外职业生涯超前太多时，个人工作过程中会感到力不从心，从而容易放弃，具有很强的毁灭力。

3. 职业生涯的发展形式和发展阶段

(1) 职业生涯的发展形式

职业生涯的发展形式主要有两种：一种是同一职业中职务的变化；另一种是不同职业的变化。同一职业中职务的变化主要有晋升和下降，通常是在同一工作单位中个人随着内职业生涯的发展及变化，或者随着工作单位的发展及变化而产生的晋升或下降。不同职业的变化则是个人从事的工作内容、工作形式等发生改变，这种改变不一定是由于工作变动或工作单位变动，也有可能是在同一工作单位，因个人发展方向或目标或工作单位的调整，使其从事与之前不同的工作。

（2）职业生涯的发展阶段

根据职业生涯的发展特点，可以将职业生涯的发展分为 6 个阶段，每个阶段均有特色和突出的问题，划分的主要依据是个体一生之中的时间线。

第一个阶段是职业成长阶段，处于人的认知成长期，即从出生到 14 岁。此阶段个体对职业的认知主要是通过家庭成员、亲朋好友、老师，以及这些成员对职业的认同和彼此的相互作用而形成。职业成长阶段的开始，通常会以角色扮演为主要表现形式，个体会根据自身对不同职业的行为方式的理解，做出反应和行为，从而建立起初步且独特的自我概念，甚至是职业概念。

第二个阶段是职业探索阶段，通常这个阶段发生于个体 15~21 岁，个体随着对自我或职业有了初步的概念，就会逐步深入探索可能要选择的职业。通常个体会将自己的职业选择与自身对不同职业的理解，以及通过教育、活动或工作等获得的能力及兴趣结合与匹配。此阶段通常是个体从学习心态转向就业心态的阶段，最主要的疑问是“我能做什么？我到底是谁？”。

第三个阶段是职业塑造阶段，通常发生于个体 22~24 岁，该阶段通常开始于就业后，随着逐渐熟悉工作单位的情况和组织文化，建立起初步的社会交际关系网，个体的职业性格特点开始逐步形成，个体对自身的特长和不足的了解会越来越多，从而开始对自身的职业方向进行调整。职业塑造阶段的长短与个体自身的认知能力和自控能力息息相关。

第四个阶段是职业确定阶段，通常是从 25 岁一直持续到 44 岁的壮年时期，这是多数个体职业周期中的核心阶段，也是职业经验和职业技能高速增长的阶段。有些个体能够在此阶段选择到最适合自身的职业，并将热情和精力投入此职业中，从而为自身未来的职业发展打下坚实的基础。此阶段个体通常能够承担起工作的责任，发挥出自身的特长、发展出自身独特的能力，并重新评价自身需求和职业目标，最终确定。

第五个阶段是职业维持阶段，通常在职业确定后就会进入该阶段，并在64岁左右结束。此阶段，部分个体已经在自身的职业领域赢得了一席之地，选择的职业也较为符合自身的发展，因此会将主要的精力置于保持职业优势的方面。职业维持阶段最需要做的是令自身的事业能够在平稳中持续上升，因此这个阶段需要个体能够持久地学习，努力接受新鲜知识和技能，充分展示自身的优势和特长，否则就容易因为松懈而提前进入职业下降阶段。

第六个阶段是职业下降阶段，也可以称为职业衰退阶段，通常出现在临近退休的时间段。任何个体随着年龄的增长，都不得不面对体力下降、精力下降、能力下降的问题。随着年龄的增长，个体的权力必然会逐渐减少，承担的责任也将逐渐减少，因此进入该阶段后，个体就必须尽快接受现实并转变职业角色，从原来的顶梁柱转化为良师益友。

二、职业生涯的发展理论概述

职业生涯相关的发展理论，发端于美国的职业指导运动。1908 年，弗兰克·帕森斯（Frank Parsons）在美国波士顿创立了一家具有公共服务性质和培训性质的职业局，主要工作是对美国就业者进行心理咨询服务。之后咨询服务的趋势扩大到了美国各地，掀起了美国职业指导运动。该运动的兴起恰逢美国工业发展高峰期，生产的社会化和专门化程度不断提高，相关职业对劳动者的文化水平、心理素质等要求也开始不断提高，为了使劳动者能够适应职业要求的变化，职业指导运动被倡导并兴起。中国的职业生涯发展理论也经历了不同的发展阶段，尤其是改革开放以后，中国经济的飞速发展使社会对各种专业化人才的需求日益攀升，为了能够为不同的人才提供科学、合理的职业指导，中国职业生涯发展理论也开始迅速发展。

（一）中国职业生涯发展理论概述

中国的职业生涯发展理论是完全的外来品，即通过引进西方职业生涯发展理论，结合中国国情和职业情况，最终逐步发展起来的理论。因为其引进和发展过程中，很长一段时间处于发展停滞期，具体的发展历程主要为 3 个阶段。

1. 第一个阶段是初步引进阶段

主要始于民国时期，具体时间为 1911 年辛亥革命到 20 世纪 30 年代民族资本主义工商业的发展。1916 年，中华职业教育社（1917 年正式建立）尚未正式建立，就已经开始《教育与职业》刊物的发行，其第 15 期专门建立了《职业指导》，并针对就业问题和职业问题进行了宣传和推介。这是中国首次引进西方职业指导理论，针对的是中国当时人才紧缺、毕业生毕业即失业的现实社会问题。1916 年，清华大学校长周寄梅为了能够指导学生毕业后合理择业，发起了择业演讲活动，并聘请了多名专家和名人到学校内进行职业相关问题的演讲，开创了中国教育界就业指导的先河。1923 年，西方职业指导理论的研究刚刚获得初步成就，邹恩润就编译了《职业指导》一书并出版，其以西方职业指导理论为基础，对职业指导的范围进行了界定，并指出了职业指导的意义、效用和方法，首次系统论述了职业指导，开创了中国职业指导理论的研究。在之后的近 10 年时间，一系列有关职业指导的著作不断被创作、出版，同时也将欧美、日本等较为成熟的职业指导理论引进中国，这个时期是中国职业生涯发展理论的研究热潮，对该阶段中国教育界的学制改革、教育改革实践、教育理论发展都产生了重要的影响。但当时局势较为动乱，因此很多职业指导理论并未真正应用于实践。

2. 第二个阶段是 20 世纪 30 年代中期之后

随着 20 世纪 30 年代中期民族危机的加剧，以及抗日战争和内战的爆发，中国职业指导理论的发展受到了严重影响，一度被迫中断。1949 年新中国成立后，中国各行各业均处于百废待兴的状态，对人才的需求极为迫切，但当时中国实行计划经济体制，人才分配长期受统包统分的政策影响，所以职业生涯发展理论并无实际效用，这也造成数十年间中国的职业生涯发展理论研究一直处于停滞状态。

3. 第三个阶段是改革开放以后

职业生涯发展理论恢复发展并快速发展阶段，具体时间为改革开放初期至今。改革开放以后，社会主义市场经济体制逐步形成并快速发展，这无形中推动了国家就业政策的转变，开始从统包统分向自主择业演化。首先，职业生涯发展理论方面的宏观研究蓬勃开展。比较有代表性的是1996年朱启臻出版的《职业指导理论与方法》，从职业指导的功能、原则、类型等，以及职业指导和其他学科的关系等方面进行了研究和梳理，对中国职业生涯发展理论的发展提供了扎实的理论基础和研究先河；另外则是1996年由俞文钊教授指导学生编著的《职业心理与职业指导》，其以心理学为基础全面介绍了各种有关的职业指导理论。与大学生职业生涯发展理论相关的著作也在相继出版。例如，针对中等职业学校的学生编著的职业指导著作，从就业政策、法规，职业素养养成，就业途径、意识等各个方面进行了阐述，旨在引导中等职业学校的学生进行职业选择；有针对综合性大学的学生编著的职业指导著作，旨在诠释大学生择业和就业过程中容易遭遇的问题，并引导学生合理地进行职业选择和职业生涯规划。随着改革开放的推进和中国社会经济的发展，有关职业生涯发展理论的著作也越来越多。这些著作为推进中国自主择业政策的落实和深化做出了贡献，且通过对职业生涯发展理论的梳理和现实匹配，使中国的职业生涯发展理论更加符合中国的国情和发展模式，不仅对学生就业有指导意义，也对整个职业生涯发展理论体系的完善有促进作用。

（二）西方职业生涯发展理论概述

西方的职业生涯发展理论发端较早，经历了长期的发展和完善，形成了以提供科学的职业咨询指导为目标的各种测评工具和对应理论，其中较具参考价值的有以下4种理论。

1. 唐纳德·E. 舒伯的职业生涯发展理论

唐纳德·E. 舒伯的职业生涯发展理论强调的是主观和客观的相互作用对个体职业生涯发展产生的影响，是一种建立于个体职业发展观念上的职业生涯发展理论。其职业生涯发展理论主要有3个要点。首先，尊重个体的差异性，即不同的个体的才能、兴趣、人格等都不相同，这种独特的差异性会使不同的人适合的职业种类有所不同。尽管各类职业都会对从业者的才能、兴趣、人格等进行模式化的要求，但个体和职业并非一成不变的，而是具有一定的灵活性。

其次，个体的职业选择与适应是连续的过程。个体对职业的偏爱，以及对职业的适应能力，都会随着时间、经验和个体的发展产生改变，这就使个体对职业的选择和适应成了一种连续的过程。通常个体的职业选择与适应有两个阶段：第一阶段是探索阶段，可分为空想期（对职业进行想象及心理适应）、尝试期（进行工作尝试并外在适应）和现实期（对职业的理解加深并自我评价）三个时期；第二阶段是固定阶段，可分为尝试期（确定职业并尝试持久）和固定期（完全适应选择的职业并固定）两个时期。

最后，个体的职业发展过程具有极强的可塑性。舒伯的理论认为个体的职业发展过程，根本而言就是完善自我概念的过程，且建立和完善自我概念的过程也是一种个体对职业折中调和的过程，整个过程可划分为4个阶段。

第一阶段是个体对自身条件产生认知和理解，通过自身条件与外界条件相互作用产生的反响，逐步建立起“自我”的意识和概念；第二阶段是个体在自我概念、社会、职业和现实之间的不断调和，通常表现为个体将自身置于各种职业角色中进行适应和选择的过程；第三阶段是个体根据自身能力、兴趣、价值观、人格等，对选择的职业进行满意度评判，或者说是自我对所选职业的适应程度。适应程度或满意度越高，选择的职业越契合个体；第四阶段是个体的职业生涯规划能力和职业生涯路径，能够通过职业指导加以改善，如通过职业指导培养个体的职业兴趣和职业能力，强化个体的心理素质和适应能力，从而帮助个体完善自我概念并进行合理的职业选择。

2. 弗兰克·帕森斯的人职匹配理论

弗兰克·帕森斯的人职匹配理论是其于1909年在《选择一个职业》一书中提出的，也被称为特性因素理论，属于最早的职业辅导理论。该理论认为个体与职业相匹配才是职业选择的焦点，即每个个体都拥有独特的人格模式，不同的人格模式匹配不同的职业类型，只有个体在充分了解、认识自我的人格模式和职业需求条件的基础上，才能更好地将自身与职业需求进行合理匹配。

因为人职匹配理论需要对个体的特性进行深入了解和掌控，所以该理论十分重视人才测评的作用，即对个体进行特性测评。应用该理论有3个步骤：首先对人员进行分析，即对个体的心理特征和生理特征进行评价；其次是根据职业对人才的要求，寻找匹配个体的职业，并向个体提供职业信息；最后是进行人职匹配，即引导个体加强对自身的了解，同时深入了解职业要求，并在职业指导的帮助下选定符合自身特色、易获得的职业。

人职匹配理论的匹配原则有两类。一类是通过因素匹配，即将强调专业知识和技术能力的职业，与拥有对应技能和知识的个体进行匹配；将对专业知识和技术能力要求不高，但对身体素质要求较高的职业，与能够吃苦耐劳且拥有健壮体魄的个体进行匹配。另一类则是特性匹配，即注重个体的特征与职业的潜在需求，此类匹配建立在对个体了解深入、对职业了解透彻的基础上，同时还需要考虑到个体的发展期望及职业的发展特性。例如，通过特性匹配，可以将理想主义、敏感且个性强的个体，与需要强审美性和自我情感表达的艺术创作类职业匹配。

3. 杰弗里·H. 格林豪斯（Jeffrey H. Green haus）的职业生涯发展理论

杰弗里·H. 格林豪斯是美国著名心理学博士，其职业生涯发展理论主要侧重于不同年龄段在职业生涯中的任务，该理论将个体的职业生涯分为5个阶段，每个阶段均有一定的主要任务。在个体的0~18岁，是职业生涯准备阶段，主要任务是培养个体的职业想象力并对职业进行恰当的评估和预选择，且需要接受职业教育。在个体的18~25岁，是职业生涯进入组织阶段，主要任务是获取一份理想组织中的工作，逐步获取职业信息，最终选择一种较为满意且比较适合的职业。

在个体的25~40岁，是职业生涯初期阶段，主要任务是逐步适应职业的工作并融入组织，同时通过学习对应的职业技术来不断提高自身技能，以便为之后的职业发展铺平道路。在个体的40~55岁，是职业生涯中期阶段，主要任务是对职业生涯初期阶段进行评估，并真正确立个体的职业理想和职业目标，最终选定职业，发挥自身最大效能，获取属于自己的成就。在个体55岁到退休，是职业生涯后期阶段，此时的主要任务是维持职业成就并稳定发展，同时做好引退的准备。

第三节　大学生活与职业目标

一、职业目标与大学规划的关系

（一）大学阶段是整个人生中最重要的阶段

职业目标与大学规划相互联系，相互作用。大学生活需要正确的职业生涯规划。有了正确的职业生涯规划，大学生才能知道如何更好地努力和行动。例如，进入大学后，我在第一时间给自己规划了目标，即四年大学生活结束后，参加公务员考试，有了这个目标我就知道了自己努力和前进的方向。尽管自己还是个大一的学生，但这也是个优势，至少我规划职业生涯的时间早，更早地有了努力的目标，努力参加一些考试，掌握更多的技能，为四年后的公务员考试做好充分的准备。大学生活是否过得有意义，取决于大学生是否有职业生涯规划。有职业生涯规划的大学生会有清晰的发展目标。有目标的人才能抵御短期的诱惑，才会坚定地朝着目标的方向前进，才会活得更充实、更有意义。

（二）PDCA 时间管理方法和大学阶段的任务

对于大学生而言，大学阶段的学习至关重要。能否顺利地完成由高中学生向大学生的转变，能否顺利地完成大学期间各阶段的任务，能否顺利地找到自己喜欢而且能够胜任的工作，关键在于大学生的自我规划意识和能力。大学生做事不但要有目的性，而且要有计划性。生涯规划是一个自我认识、寻找理想、确立目标、制订计划、执行计划、检验结果和逐步调整的过程，也是提升规划能力、学习驾驭自己人生的过程。PDCA 时间管理的第一步就是制定目标。只有明确了目标，才能知道奋斗的方向，才会制订出围绕目标的可执行的计划。遵循和围绕自己的价值观明确目标，制订出切实的、符合自己心愿的计划。每次制订计划时，都应采用 PDCA 循环，即计划（Plan）、实施（Do）、检查（Check）、处理（Action），确立各阶段的目标、制订计划、实施计划、检查实施效果。

1. 大学一年级——尝试与探索

①大学一年级上学期的前半学期：学会转变角色，主动适应大学生活；积极进行自我探索，分析高中时建立起来的职业生涯目标；了解社会中的职业、职位设置；通过参加校园文化活动和社会实践活动，制订切实可行的大学分阶段成长计划，及时发现问题并修订目标。

②大学一年级上学期的后半学期：大学生在校园已经有了两个月的生活和学习经验，对大学生活有了一定的了解，对自我也有了一定的认识，可以尝试制订最初的生涯规划。随着对所学专业及大学生活的深入了解，每位大学生的具体目标逐渐凸显出来，目标逐渐与所学专业相结合。

该阶段大学生的生涯规划任务：进一步进行自我探索，发现自身的优势、劣势、兴趣、爱好、性格、能力；了解社会职位的素质要求；根据发现确定阶段性具体目标；制订实现目标的计划并积极行动；进行相应的素质测评；参加校园文化活动和社会实践活动；参加能力提升训练。

③大学一年级下学期：这一阶段的大学生已基本适应了大学生活，经过对大学生活的亲身体验和专业课程的学习，各方面能力有了一定的提高，对自我的探索逐渐深入，并开始探索职业发展方向。设立的目标开始与自我性格、爱好、能力等相结合。

这一阶段大学生的生涯规划任务：继续进行自我和环境的探索，了解自己的职业发展方向，了解社会相关的职业资讯；对大学生涯进行合理规划；制定大学期间阶段性目标；积极行动，实现阶段目标；参加成长训练。

2. 大学二年级——目标与执行

PDCA 循环可以使人们的思想方法和工作步骤更加条理化、系统化、图像化和科学化。作为大学生制订职业生涯规划的基本方法，PDCA 循环不仅适用于整个大学阶段，还适用于每个个体，层层循环，形成大环套小环，小环里面又套更小的环。大环是小环的母体和依据，小环是大环的分解和保证。各阶段的小环都围绕着人生的总目标朝着同一方向转动。通过循环把大学生活和职业生涯有机地联系起来，彼此协同，互相促进。

①大学二年级上学期：这一阶段，大学生已经完全适应了大学生活，并掌握了大学生活的规律，建立了一定的人际关系，新环境的适应压力逐渐消退；开始真正从现实角度关注自己的成长，积极参加各种活动，主动进行能力提升训练。与此同时，大学生对自己的性格、能力、优势、劣势、职业兴趣以及将来的职业方向、社会对各种人才的需求、社会经济政治的发展、社会各职业发展的趋势等状况的探索更加积极和有效，他们已经意识到探索的重要性，并积极行动，希望自己能快速成长。但是，受经历、经验和阅历的影响，这一阶段的大学生需要借助外力的支持才能加快成长的速度。这一阶段，大学生确立目标时开始考虑社会需要与个人需要的结合。

②大学二年级下学期的前半学期（包含暑假）：大学生对于自我和社会的认知达到了一定的水平，职业生涯发展方向进一步明确，这时的生涯规划避免了刚入大学时的盲目性，更加切合实际，更具有可操作性。在长远规划的基础上

更加具体和现实。但由于个体的差异，有些学生仍会因为寻找生涯发展目标和个人价值而处于迷茫状态。

③大学二年级下学期的后半学期：这一阶段，大学生通过对自我及环境的探索，逐渐找到了自我价值与社会价值的结合，积极探求实现自我价值的有效途径；通过学习生涯规划目标确立及生涯抉择的方法，大大提高了自我掌控及自我设计的能力；通过参加各种实践活动及成长训练，综合能力得以快速提升，为即将到来的职业实践奠定良好的基础。这一阶段，大学生的职业生涯发展道路开始出现不同，有的大学生希望大学毕业后找到一份称心的工作，开始自己的职业生涯；有的大学生则希望在某一领域继续深造。

3. 大学三年级——总结与改进

大学生职业生涯规划的好坏必将影响大学生的整个生命历程。人们常常提到的成功与失败，不过是所设定的目标实现与否。目标是决定成败的关键。个体的人生目标是多样的：生活质量目标、职业发展目标、对外界影响力目标、人际环境等社会目标等，整个目标体系中的各种目标相互交织、相互影响，职业发展目标在整个目标体系中居于中心位置，职业发展目标实现与否，直接引起成就与挫折、愉快与不愉快的不同感受，以致影响生命的质量。

设定每一个小目标后，当完成这一目标的循环时，总结成功完成的经验，制定相应的标准；将没有解决或新出现的问题转入下一个循环。

①大学三年级上学期：这一阶段，大学生由于志向不同出现了不同的生涯发展方向，这种不同带来了大学生活以后阶段不同的发展道路。希望继续深造的大学生开始为应考研究生备战，将志向确定为找工作的大学生则更加积极地参加各种活动，有些大学生则会到相关的单位进行实习。长期目标逐渐明确和坚定，近期目标更加具体。缩小选择范围，进一步明确自己的职业方向，如果准备升学要为升学做准备（查询考试的报名要求、时间，考试大纲等）；如果准备就业可以尝试投送简历，明确自己与心仪岗位的差距，发现自身职业竞争力的不足之处，制订职业竞争力提升计划；通过参加职业实践、参加校园文化活

动和社会实践活动或参加专项行为训练。

②大学三年级下学期：这一阶段，大学生通过相应的职位实习，发现了自己的能力与职位要求之间的差距、自己的职业生涯规划与社会现实之间的差距以及自己理想的职业与社会提供的职位之间的差距；需要对自己进行全面的反思，重新建立更加切合社会现实的工作理想及制定切合实际的职业生涯规划；参加各种活动更具目的性。由于与社会密切接触，他们的职业生涯目标得到有效修订，修订后的目标进一步反映其个人理想与社会现实的结合。

4. 大学四年级——持续改进

PDCA 循环不是在同一水平上的循环，每循环一次，就会解决一部分问题，取得一部分成果，能力就提升一步。每次通过 PDCA 循环，都要进行总结，提出新目标，再进行下一次 PDCA 循环，使水平和能力逐步提升。

①大学四年级上学期：这一阶段，大学生通过前三年的专业理论学习和相关训练，掌握了一定的专业理论和专业技能，人际交往能力、思维能力、创新意识、团队精神都得到了相应的提升；经过全方位的自我探索及对所处环境的探索，特别是经过一年的实习，大学生逐渐发现了适合自己的工作。这时的大学生会有意识地结合自己的理想职业，规划自己剩余的大学生活，此时的职业目标更具有现实性和可操作性。结合自己的职业实践和职业发展理想，寻找现实中的自我和理想的职业人之间的差距；参加快速提升训练；进一步了解社会及职位的发展变化；了解本届大学生就业的相关政策及相关程序。

②大学四年级下学期：这一阶段，大学生面临毕业，即将步入社会，真正进入自己的职业生涯。从职业生涯规划层面来说，能否真正适应将来的工作及工作环境，能否尽快走向成功，是每一位即将步入社会的大学生最关心的问题。大学生希望通过最后的大学生活使自己更加完善，使职业目标更加具体。这体现为大学生职业素质的培养和训练。了解相关就业及创业信息；参加相应的快速提升训练；与相关单位及个人建立稳定的关系。大学生在进行生涯规划时，应充分考虑自身生涯发展中各阶段的特点和任务，制定合理的规划。

二、职业目标与专业学习的关系

（一）专业的定义

1. 专业的一般定义

专业是指人类社会在科学技术进步、生活生产实践中，用来描述职业生涯某一阶段、某一人群，长期从事的具体业务的作业规范。专业是社会分工、职业分化的结果，是社会分化的一种表现形式，是人类认识自然和社会达到一定深度的表现。《现代汉语词典》中关于“专业”的解释：高等学校的一个系里或中等专业学校里，根据科学分工或生产部门的分工把学业分成的门类。产业部门中根据产品生产的不同过程而分成的各业务部分。专门从事某种工作或职业的。具有专业水平和知识。

凯尔·桑德斯认为，专业指一群人在从事一种需要专门技术的职业，这种职业需要特殊的智力来培养和完成，其目的是提供专门性的社会服务。根据这个定义，凯尔·桑德斯指出传统上最古老而典型的三大专业是牧师、医生和律师。日本学者石村善助认为，专门职业是指“通过特殊的教育或训练掌握了已经证实的认识（科学的或高深的知识），具有一定的基础理论的特殊技能，从而按照来自特定的大多数公民自发表达出的具体要求，从事具体的服务、工作，借以为全社会利益效力的职业”。

2. 大众化条件下的专业的定义

专业是指根据社会职业分工需要，确定人才培养规格，通过整合学科资源和社会实践可利用的资源，分类、分层地学习高深知识和专门知识，专门工作经验的技术、技巧，以及培养行业道德规范，进行教、学、研、训等活动的基本单位。

（二）专业学习

对专业有了基本了解后，对专业学习的认识也就比较明晰了。实际上，专业学习就是对自身正在学习的专业或者自己从事的职业分工进行的学习。目前的专业，或许是自己选择的，或许是父母决定的，又或许是个体因当时的社会形势而定的，无论是喜欢还是不喜欢，目前的专业都是目前的“任务”，个体都有责任把目前的“任务”执行好，所以对专业学习要尽心尽力。

1. 专业课、公共课

部分新生进入大学后，由于填报志愿时盲目地随大流，在学习了一段时间后，发现自己对所学专业并不喜欢。这一现象在各大高校中普遍存在。目前，很多高校已经考虑到这个问题，搭建了大平台，新生进校后，不分专业，先学第一学科下的基础知识，到二年级时才分专业、分方向，这样，学生就有足够的时间来考虑志向。而许多大学普遍实行学分修课，一般分为专业必修课、公共必修课和选修课。

2. 专业课：学习目标要明确

不同专业的大学生有着不同的专业课程，但不同专业的大学生对待本专业课程的学习态度应该是一致的，即不管喜欢与否，都要尽力学好。在学习专业课时，学习目标要明确、具体，并且要不断提高学习动机和学习兴趣，主动克服各种学习困难，将直接学习兴趣和间接学习兴趣相结合。在学习专业课程时，大学生应主动成为学习的管理者：

（1）学会自主学习

大学生应学会逐步摆脱对父母和老师的依赖。要想成为学习的管理者，就要自律地、自觉地、自主地学习。例如，记好笔记。

（2）提高学习效率

学习的过程包括很多环节，学习效率就蕴含在各个学习环节中，只有把握每个学习环节的质量，如课前认真预习、上课专心听讲、课后及时复习，才能从整体上提高学习效率。

（3）科学安排时间

随着学习科目增多、难度加大，科学地安排时间就尤为重要。首先要对自己的学习有一个总的规划，制订一个适合自己的学习计划。制订学习计划时要遵循以下原则：弹性原则、自然原则、增强原则。

3. 公共课：认识到其实用价值

大学生对公共课的学习普遍比不上专业课积极，有相当一部分学生对公共课持消极应付的态度，学习兴趣主要看老师的教学水平，如果老师讲课生动活泼，他们就有兴趣学。但这种兴趣主要是直接学习兴趣，而且大多停留在较低水平上，只限于上课认真听讲，把听课当作一种享受或对专业课的调剂。大学新生要充分认识公共课的实用价值及其对自己的意义，要将部分实用性强的公共课（如英语）当成专业课来学习。

4. 选修课

（1）选课依据

在有了一个相对具体的职业发展目标之后，大学生要对整个行业做宏观分析，分析市场前景，国家对行业支持的力度，行业的现状，自身条件、切入时间和时机。找准行业后就要开始研究自己的目标企业，了解最理想企业的背景、企业文化等，并根据企业或行业的实际需求，针对专业课中没有的课程，通过学习选修课加强自己专业知识与技能的学习，提高实现目标的可能性。

（2）杜绝“捞取学分”

大学生对选修课的学习兴趣普遍较高，认为选修课可以扩大自己的知识面。但选修课在大学生心中的地位和分量比不上专业课和公共课。在选择选修课时，经常有大学生多渠道调查哪一门选修课没有考试、哪一门选修课要求相对宽松、哪一门选修课学习起来比较容易等，只是为了获得学分才选修某些课程，甚至出现“选而不修”的不良现象。

5. 社团、实验室或工作室

为了丰富学生的生活或给予学生更多锻炼、实践的机会，各学院都有大大小小的兴趣社团、与专业相关的实验室和工作室。大学中的社团主要分为三类：提升能力型，如学生会、实验室等；兴趣型，如轮滑社、羽毛球社等；略带商业性质型。大学生有必要去尝试加入一些社团或实验室，最终选择其中一个，积极地参加活动，认真地领悟活动的意义、反省自己的不足，并且找到对应的解决方案。社团是一个小社会，通过社团提升的技能，往往是无法从书本、课堂中学到的，这些技能在将来的职场中也会得到很好运用。

6. 毕业论文

毕业论文是一个重要的学习实践环节，撰写毕业论文是综合训练大学生运用所学基本理论、基本知识和基本技能分析、解决实际问题的能力。毕业论文对大学生科研能力、创新能力及综合素质能力的培养具有一定的积极作用。选择合适的论文研究方向及合适的选题，在撰写论文的过程中将自己所学专业的知识综合应用到实践中，收集、整理、查阅相关资料，对已学的专业知识反复认真思考，并从一个角度、一个侧面深化对问题的认识，从而使自己的归纳和演绎、分析和综合、判断和推理、联想和发挥等方面的思维能力和研究能力得到锻炼和提高，为将来的实际工作提供保障。大学生一定不能为了毕业而草草地完成毕业论文，应付毕业答辩。

第二章　大学生自我认知

第一节　自我认知概述

一、自我认知的内涵

“自我”是指一个人对自己多方面知觉的总和。它包括对个人的一系列认识和评价；对自己性格、能力、兴趣、欲望的了解；与别人以及环境的关系；处理事务的经验；生活的目标；等等。自我认知是指对自己的洞察和理解，包括自我观察与自我评价。自我观察是指对自己在感知、思维和意向等方面的觉察；自我评价是指对自己在想法、期望、行为及人格特征等方面的判断与评估。自我认知是进行清晰自我定位的基础，是个人职业与事业生涯的起点，包括认知价值观、人生方向和目标，认知性格特征，认清优势和劣势，觉察情绪变化、原因等。

二、自我认知的原则

自我认知是建立在自我观察与自我分析基础上的对自我身心素质的全面评估，正确的自我认知应把握以下四条基本原则。

（一）适度性

自我认知应当适度，过高的自我认知往往会使自己脱离现实，意识不到自己的条件限制，甚至狂妄自大，由自信走向自负；过低的自我认知往往会使自己忽视自我的长处，缺乏自信，过于自卑。过高或过低的自我认知对自己的成长都是不利的。

（二）客观性

自我认知应当遵循客观性原则。尽管自我认知是自己对自己进行观察、分析和评价，但需要以客观事实作为基础和依据。人贵有自知之明，自知的可贵之处在于自知的不易。

（三）全面性

自我认知要全面。在进行自我认知的过程中，既要看到自己的优点和特长，又要看到自己的缺点和不足；既要对自己的某一方面的特殊素质进行具体评价，又要对自己的整体素质进行综合评价；既要考虑到全面的整体因素，又要考虑到其中占主导地位的重点因素。总之，认识自我时应努力克服个人主观因素的干扰，努力使自我评价趋于客观和真实。

（四）发展性

自我认知时，应以发展变化的眼光看待自己，不但应当对自己的现实素质做适当、全面、客观评价，而且应当着眼于未来的发展变化，预见性地评估自己将来的发展潜力和发展前景。

三、自我认知的方法

自我认知的方法比较多，常用的主要有现实分析法、内省法、纵向剖析法、360 度评价法、专家咨询法、职业测评法等。

（一）现实分析法

现实分析法要求准确地把握自我，对自己的人生态度、兴趣和理想有充分认识。这就要求人们既要认识自己的外在形象，如外貌、衣着、举止、风度、谈吐等；又要认识自己的内在素质，如学识、心理、道德、能力等。

（二）内省法

古人云：“吾日三省吾身。”反省自己对认识、把握自己是有好处的。内省法主要通过回答“我是谁”来反省、分析自己，反省时既要看到自己的优点和长处，又要看到自己的缺点和短处。

（三）纵向剖析法

人是不断变化、发展的。“今天的我”是以“昨天的我”为基础的，同时是“明天的我”的基础，它们相互联系而又不尽相同，但继承和发展是其主要趋势，这种关系体现在知识、经验、兴趣、爱好、能力和愿望等各个方面。因此，人们可以对自己进行前后比较，深刻地了解自我、认识自我，从而对自己做出客观评价。

（四）360 度评价法

古人云：“以人为镜，可以明得失。”他人的评价就像一面镜子，映射出另一个角度的自我。360 度评价法原是绩效考核方法之一，自 20 世纪 80 年代以来，迅速为国际上许多企业所采用，其特点是评价维度多元化。针对大学生职业生涯的自我认知目标，360 度评价法被改良为通过收集家人、朋友、同学、老师等大学生常见社会关系人员的他评信息，获得多层面人员对自己外表、态度、个性、能力、素质等方面的反馈，从而为客观、全面地认识、了解自我做参考。

（五）专家咨询法

用专家咨询法认识自我主要是指个体通过与专家交谈，探讨自己的人生经历、专业、学历、兴趣、价值取向、能力、个人的内外资源等，借助专家的力量来清晰地认识自我、准确地定位，从而找到自己的职业发展方向。

（六）职业测评法

职业测评是心理测验的一个分支，在学术上被广泛认可的心理测验的定义是“行为样组的客观的、标准的测量”。科学的职业测评是以特定的理论为基础，经过设计问卷、抽样、统计分析、建立常模等程序编制的，必须包含效度、信度、常模。效度是指测验结果的准确性，信度是指测验结果的稳定性，常模是指有代表性的样本在测验中的分数分布情形。科学的心理测验是客观化、标准化的问卷，它的科学性、客观性、可比较的功能是其他自我认知的方法所不具有的，因此得到了职业指导机构的广泛推行。常用的职业测评工具主要有迈尔斯-布里格斯类型指标（Myers-Briggs Type Indicator，MBTI）、霍兰德职业兴趣测评、职业锚测评、普通能力倾向成套测验（General Aptitude Test Battery，GATB）等。

四、职业自我发展的四要素

在众多与职业相关的自我特征因素中，有一类因素在根本上影响个人的职业倾向，关系到个人能否投入工作、适应工作、重视工作、取得工作成就，我们称之为职业自我。

（一）兴趣

遵照职业选择的喜好原则，只有活动对象是自己喜欢的，才能发自内心地倾向它、选定它、热衷于它，并且在困难面前坚定不移、矢志不渝。

（二）个性

遵照职业选择的适合原则，只有从事适合自己的职业，才能感到舒适、自在，才能充分地融入职业环境、享受职业过程。

（三）能力

遵照职业选择的擅长原则，只有进入自己擅长的活动领域，才能发挥特长，在处理问题时才能得心应手、游刃有余。

（四）价值观

遵照职业选择的价值原则，只有认为活动对象足够重要，值得付出时间与努力，才能心甘情愿地开创事业。

职业自我的四要素直指个体与职业相匹配过程中的最佳状态。如果一个人从事一份自己喜欢的、擅长的、适合的和看重的职业，那么他取得职业成功、实现自我价值的概率就很大。

第二节 性格探索

一、气质

（一）气质的含义

气质是心理活动表现在强度、速度、稳定性和灵活性等方面的动力性质的心理特征。气质相当于我们日常生活中所说的脾气、秉性或性情。气质是一种相对稳定的自然属性，先天因素起决定性作用，例如，遗传基因相同或相近的人的气质类型虽不完全相同但是很接近。当然，气质的稳定性也不是绝对的，它也是会发生变化的，人在经历过世事变迁之后，气质也可能会有所改变。

（二）气质的类型

关于气质的分类，不同的学者有不同的分类方法，大部分心理学研究者把气质分为四种类型，即胆汁质、多血质、黏液质、抑郁质。四种不同的气质类型具有不同的心理特征。

1. 胆汁质

胆汁质的人又称为兴奋型（不可遏制），属于兴奋而热烈的类型。这种类型的人在言语、面部表情和体态上都给人以热情直爽、善于交际的印象。有理想、有抱负，反应迅速，行为果断，表里如一，不愿受人指挥而喜欢指挥别人。这种人一旦认准目标，就希望尽快实现，遇到困难也不折不挠，有魄力，敢负责；但往往比较粗心，自制力较差，容易感情用事，比较鲁莽，工作带有明显的周期性；能以极大的热情投身于事业，一旦筋疲力尽，情绪顿时转为沮丧而心灰意冷。

2. 多血质

多血质，又称活泼型，属于敏捷而好动的类型。这种类型的人易于适应环境的变化，在新的环境里不感到拘束，性格开朗、热情，善于交际。在群体中精神愉快、朝气蓬勃，常能机智地解脱窘境。在工作学习上富有精力而效率高，表现出机敏的工作能力，愿意从事合乎实际的工作，能对工作心驰神往，迅速地把握新事物，在有充分自制能力和纪律性的情况下，会表现出巨大的积极性。兴趣广泛，但情感易变，如果工作不顺利，热情可能消失。不安于循规蹈矩地工作，有时轻诺寡信、见异思迁。

3. 黏液质

黏液质的人在生活中是一个坚持而稳健的辛勤工作者。这种类型的人行动缓慢而沉着，恪守既定的生活秩序和工作制度，不为无谓的动因而分心，一般不做无把握的事。黏液质的人态度持重，交际适度，不做空泛的轻谈，情感上不易激动，不易发脾气，也不易流露情感，能自制，也不常显露自己的才能。其不足是有时做事情不够灵活，不善于转移自己的注意力；惰性使其因循守旧，表现为固定性有余而灵活性不足。

4. 抑郁质

抑郁质的人安静而羞涩、敏感，精神上难以承受或大或小的神经紧张。情绪体验的方式较少，但内心体验深刻，不易外露。喜欢独处，交往拘束，兴趣爱好少，性格孤僻，遇事三思而后行，怯懦、自卑、优柔寡断，外在行为非常迟缓刻板。

（三）气质与职业

职业活动对人的心理动力特点提出了一定的要求，气质对职业活动的影响大体概括为三个方面：一是气质影响职业活动进行的性质，二是气质影响职业活动的特征，三是气质影响职业活动的效率。因此，大学生在选择职业时，应考虑自己的气质类型与特性，使气质特点符合职业活动的要求，对从事职业活动及将来的发展更为有利。

胆汁质的人适合从事与人打交道、工作内容和环境不断变化并且热闹的工作，如导游、推销员、节目主持人、演讲者、外事接待人员、演员、市场调查员等，不适合需要长期安坐、持久耐心的工作。多血质的人适合从事与外界打交道、多变、富有刺激和挑战的工作，如管理者、外交家、驾驶员、律师、运动员、记者、冒险家、侦查员、警察、演员等，不太适合做过细的、单调的、机械性的工作。黏液质的人适合稳定、按部就班、静态的工作，如医务工作者、翻译、教师、文员、法官、调解员、会计、出纳员、保育员、播音员等，不太适合从事需要经常策划创造的工作。抑郁质的人适合安静细致的工作，如作家、画家、诗人、校对员、打字员、排版员、化验员、编辑等，不太适合从事热闹场合的工作。

二、性格

（一）性格的含义

性格是一个人在对现实的稳定的态度和已习惯化的行为方式中表现出来的

人格特征。性格是在社会生活实践中逐渐形成的，一经形成便比较稳定，它会在不同的时间和情况下表现出来。性格的稳定也并不是绝对、一成不变的，而是可塑的。性格和气质既有联系，又相互区分。

首先，不同气质类型的人在形成性格时是具有倾向性的。例如，多血质的人容易形成热情好客、机智开朗的性格特征，而黏液质的人则难以形成这种性格。性格也反映着一个人的气质，性格内向的人往往总体表现出黏液质或抑郁质气质，而性格外向的人往往表现出多血质或胆汁质的气质。

其次，气质更多地体现了人格的生物属性，性格则更多地体现了人格的社会属性。气质没有好坏之分，不决定一个人成就的高低，任何气质类型的人都可能成为优秀的人，也可能成为碌碌无为的人；而性格受社会历史文化的影响，有明显的社会道德评价的意义，直接反映一个人的道德风貌。个体之间的人格差异的核心是性格差异。

（二）性格与职业的关系

著名经济学家凯恩斯（John Maynard Keynes）曾说："习惯形成性格，性格决定命运。"中国古语也有云："积行成习，积习成性，积性成命。"这都说明性格对一个人人生的影响。不同性格的人适合不同的职业。例如，对驾驶员要求具备注意力稳定、动作敏捷的职业性格特征，对医生则要求具备耐心细致、热情待人的职业性格特征。当然每个人的性格特征都不能百分之百地适合某项职业，但可以根据自己的职业方向来培养、发展相应的职业性格。职业及环境所需要的性格特性，是个人内部的动力，是确定个人在职业上的特征性行为的依据，因此也被称为"职业性格"。

在职业生涯规划过程中理解、透视性格，是为了了解自己的思考方式和行为倾向，更好地接纳自己、发展自己；也是为了了解人与人之间的性格差异，在团队合作方面提出改进措施；同时还能了解不同性格的人群在对职业的选择和适应上的倾向性，以帮助我们合理地做出职业决策、谋划职业发展。

（三）MBTI 性格类型理论

MBTI 性格类型理论源自瑞士著名心理学家卡尔·古斯塔·荣格（Carl Gustav Jung）的心理类型理论。

（1）能量获得途径：外向—内向。

（2）注意力的指向：感觉—直觉。

（3）决策判断方式：思考—情感。

后经美国的心理学家凯瑟琳·库克·布里格斯（Katherine Cook Briggs）和她的女儿、心理学家伊莎贝尔·布里格斯·迈尔斯（Isabel Briggs Myers）的研究和发展，增加了行动方式维度：判断—知觉。MBTI 现已广泛地应用于职业发展、职业咨询、团队建设、婚姻教育等方面，是目前国际上应用最广泛的一种职业规划和个性测评理论。

第三节　兴趣探索

一、兴趣的概念

兴趣的英文单词是“interest”，来源于拉丁语动词“interesse（之间）”，意思是把两个本来有距离的东西联络起来的事物，它是我们积极探究某种事物的认识倾向。每个人或多或少都会有自己的兴趣爱好，比如有的人喜欢唱歌跳舞，有的人喜欢看书绘画，有些人喜欢玩游戏与聊天等。当人们从事这些活动的时候，往往会体验到乐趣和满足感，这反过来又会进一步促进人们在这个事物上的进一步探索和关注。所以兴趣是一种自觉自愿的心理和行为倾向。

一般而言，兴趣往往是因为人们出于某种需要，对某件事或某项活动进行接触后产生的。正是出于对偶然未知事物的好奇，想要一探究竟，并为此花费大量的时间和精力去积极观察、从事相关活动，个体的兴趣才得以形成。但兴趣并非一件轻松的事情，单纯地喜欢但不愿为之努力的事物或活动不能被称为兴趣，只有那些我们愿意为之付出巨大努力、不断坚持的事物或者活动才是个体的兴趣。兴趣能够带给人兴奋感和创造力。当人们对某一个事物产生浓厚的兴趣时，他一定会对这个事物保持充分关注，并长时间进行积极探索。比如一个人对绘画非常感兴趣，那么他可能会在空余时间不断进行绘画活动，积极参加各种书画展，临摹和学习他人作品，在这一过程中体验到快乐和成就感

二、兴趣的类型

正如俗语所说，萝卜青菜，各有所爱。个人的爱好因人而异，不一而同。概括而言，兴趣的类型主要有以下三种。第一种是按照兴趣的内容，可分为物质兴趣和精神兴趣。物质兴趣主要指人们对舒适的物质生活的迷恋，比如在衣食住行方面的喜好和追求，对奢侈品、美食或收藏品等的关注和痴迷。精神兴趣主要指人们对文化、科学和艺术的迷恋和追求，比如对写作、绘画、作曲、唱歌、书法、摄影、发明创造等活动的热爱和不断探索。

第二种是按照兴趣的性质，可分为直接兴趣和间接兴趣。直接兴趣是指对活动过程的兴趣，比如有的人喜欢跳舞唱歌，在进行舞蹈编排和唱歌表演过程中能够全神贯注，享受肢体动作的柔美和歌声的曼妙，内心能够获得极大的愉悦和满足。间接兴趣是指对活动过程所产生的结果的兴趣，比如有的人喜欢跑步，但是他并非对跑步本身感兴趣，而是为了强身健体，让自己有一个健康的体魄，是跑步之后的结果对他有吸引力。需要注意的是，直接兴趣和间接兴趣是相互联系、相互促进的，如果没有直接兴趣，个体在活动过程中就会感到枯燥和乏味，而如果没有间接兴趣，个体容易缺乏目标，过程就会很难长久地持续下去。只有将两者有机结合在一起，才能充分调动个体的积极性和创造性，使其明确目标，持之以恒，获得成功。

第三种是按照兴趣的结构特征，可分为个人兴趣和情景兴趣。个人兴趣主

要是在个人知识、经验的基础上发展而来的，是个体内在和固有的。情景兴趣主要是个体在外部条件或者刺激下产生的短暂型兴趣，会随着外部条件的变化或者刺激的消逝而减弱或消失。个人兴趣和情景兴趣并非毫无关联，两者会相互影响。在一定条件下，情景兴趣可以转化为个人兴趣，同时，它也影响着个人兴趣，将个人兴趣进行强化，使之持续下去。

三、兴趣与职业

（一）职业兴趣

在职业发展方向中，有一个非常重要的参考因素就是，做自己感兴趣的事情对此，人们常常感叹道：如果能够从事自己感兴趣的工作，那么人生就是完美的。著名的兴趣与测量专家爱德华将兴趣比喻为一艘船的舵，认为兴趣决定着一个人生涯发展的方向。可见，兴趣与我们的职业生涯发展是密切相关的，比如有的人喜欢与人打交道，有的人喜欢与机器或电脑等物品打交道，有的人喜欢动手操作，有的喜欢动脑思考，有的人喜欢热闹，有的人喜欢独处……这些兴趣爱好都会直接或间接影响我们对职业的选择，影响我们职业生涯的发展。

职业兴趣是一个人在职业方面的兴趣表现，即个人有从事相关工作的愿望和兴趣，在职业选择过程中对某些职业具有比较稳定而持久的情绪表现。职业兴趣是人们取得职业成功的催化剂和推动力，能够最大程度上调动人们的潜能，使其为此付出艰苦卓绝的努力，以取得事业上的成功。那些为了工作而不辞辛苦、废寝忘食的人，往往是对自己的职业有着浓厚的兴趣。显然，如果我们在未来报考大学填写志愿、毕业选择工作时对自己的职业兴趣有所了解，选择符合我们职业兴趣的方向，那么我们的内心就会拥有源源不断的动力，促使我们全力以赴、满怀热情地去从事相关的工作，因此容易胜任并做出成绩，在未来也会拥有更大的发展空间。

（二）职业兴趣的测验工具

1. 霍兰德职业兴趣量表

美国心理学家霍兰德认为，职业兴趣是“人格的一个重要方面”，表现为个体对特定活动的偏好及擅长，而这些会激发和维持个体的目标定向行为。据此，他提出了著名的职业兴趣六边形模型，并将职业兴趣划分为现实型（R）、研究型（I）、艺术型（A）、社会型（S）、企业型（E）和常规型（C）六种类型。根据所提出的职业兴趣模型，霍兰德（1977 年，1985 年）先后编制了以职业条目作为评价内容的职业偏好量表（Vocational Preference Inventory，VPI），测试结果会得到六个分数，分别代表了六种职业兴趣类型的强弱。“霍兰德代码”是取三个排列分数最高的码。因此，在“霍兰德代码”中所呈现出来的是个体最强势的三个类型，表示这三个类型较多被使用。与之对应的分数较低的三个类型，则是较少被使用的类型。

（1）现实型（Realistic）

偏好与物体打交道，喜欢摆弄和操作工具，机械、电子设备等具体有形的实物；不喜欢和人打交道的活动，厌恶从事教育性、服务性和说服性的职业。可以匹配喜欢基本操作技能的工作或对体力与物件、机器、工具、运动器材、植物、动物有兴趣和相应能力的职业，如技术性职业（计算机硬件人员、摄影师、制图员、机械装配工），技能性职业（木匠、厨师、技工、修理工、农民、一般劳动者）。

（2）研究型（Investigative）

偏好对各种现象进行观察、分析和推理，并进行系统的和创造性的探究，以求能理解和把握这些现象；他们不喜欢组织、领导方面的活动，不喜欢要求劝说和机械重复的活动。可以匹配喜欢智力的、抽象的、分析的、独立的定向任务的职业，如科学研究人员、教师、工程师、电脑编程人员、医生、系统分析员。

(3) 艺术型 (Artistic)

偏好模糊、自由和非系统化的活动，并在这些活动中创造艺术作品，完成自我表现；他们不喜欢明确、秩序和系统化的活动。艺术型的人，想象丰富，看重美的品质。可以匹配喜欢具有艺术力、创造力、表达能力的工作，具备用语言、行为、声音、颜色等审美、思索和感受能力的职业，如艺术方面（演员、导演、艺术设计师、雕刻家、建筑师、摄影家、广告制作人），音乐方面（歌唱家、作曲家、乐队指挥），文学方面（小说家、诗人、剧作家）。

(4) 社会型 (Social)

偏好对他人进行传授、培训、教导、治疗和咨询等方面的社会服务活动；不喜欢与材料、工具、机械等实物打交道。可以匹配喜欢与人打交道的工作并具备从事提供信息、启迪、帮助、培训、开发或治疗等相应能力的职业，如教育工作者（教师、教育行政人员），社会工作者（咨询人员、公关人员）。

(5) 企业型 (Enterprising)

对领导角色和冒险活动感兴趣，喜欢从事领导他人实现组织目标或获取经济收益的活动。可以匹配喜欢并具备经营、管理、劝服、监督和领导能力的职业，如项目经理、销售人员、营销管理人员、政府官员、企业领导、法官、律师。

(6) 常规型 (Conventional)

偏好对数据资料进行明确、有序和系统化的整理工作，如按既定的计划规程保管记录，填写整理书面和数字的资料，使用文字和数据处理设备等协助实现组织目标或获取经济收益；不喜欢模糊、不正规、非程序化的或探究性的活动。可以匹配喜欢并具备记录、归档、数据和文字信息处理能力的职业，如秘书、办公室人员、记事员、会计、行政助理、图书馆管理员、出纳员、打字员、投资分析员。

在六边形模型中，每一种职业兴趣类型都有两种与之相邻、相隔、相对关系的类型，相邻的两种类型说明它们有很多相似之处，相隔的两种类型说明有部分相似之处，相对关系说明两者相同点很少。霍兰德认为，个体如果能够从事与其职业兴趣相似的职业，他们的工作热情将会大大提高，会更积极地投入工作。

2. 个人球形职业兴趣量表简版

个人球形职业兴趣量表以特雷西和朗兹（Tracey & Rounds）的个人球形职业模型结构为理论基础。该模型包括三个维度：处于赤道的人物/事物维度和资料/观念维度，处于南北两极的名望维度，三个维度两两正交构成球形。在人物/事物维度和资料/观念维度所构成的平面圆周上分布着八种基本的职业兴趣，即社会促进、管理、商业细节、数据加工、机械、自然/户外、艺术和助人，低名望和高名望维度分别占据了南北半球。这八种基本兴趣的特点如下。

（1）社会促进（Social Facilitating，SF），具有这类兴趣的个体喜欢类似于帮助推销和处理资料信息的服务类活动，乐于同别人交往，善于处理人际关系。相关的职业包括社会服务主管、人事主管、宣传部主管、售货员、旅游代理商和有氧运动教练。

（2）管理（Managing，MA），具有这类兴趣的个体喜欢管理企业和团体，计划和组织活动，喜欢类似信息处理、问题解决和制定决策的工作；善于社会交往和与人交流并且组织、协调和监督他人。相关的职业包括办公室经理、部门经理、销售员、销售主管和酒店经理。

（3）商业细节（Business Detail，BD），具有这类基本兴趣的个体喜欢做统计、评估、估算、通告和预算活动。相关的职业包括金融分析家、银行审查主任、成本核算员、注册会计师。

（4）数据加工（Data Processing，DP），具有这类基本兴趣的个体喜欢运用系统程序进行数据的分析和解释，喜欢解决技术问题。相关的职业包括电气工程师、电脑程序员和微电子技术员。

（5）机械（Mechanical，Me），具有这类基本兴趣的个体喜欢操作机械、学习和设计机械装配原理，以及维修。相关的职业包括飞机养护师、汽车修理工、航空技术员、建筑工程师和机械师。

(6) 自然/户外（Nature/Outdoors，N/O），具有这类基本兴趣的个体喜欢研究植物和动物，学习生命科学的知识，喜欢户外的活动。相关的职业包括植物学家、森林维护员、海洋学家、动物驯养师、兽医。

(7) 艺术（Artistic，A），具有这类基本兴趣的个体喜欢影视、表演和文学艺术，相关的职业包括美术家、音乐家、作曲家、诗人、导演和作家。

(8) 助人（Helping，H），具有这类基本兴趣的个体喜欢帮助他人，喜欢为他人进行教导，提供支持和咨询的活动。相关的职业包括学校辅导员、社会工作者、幼儿教师、心理咨询师、医生和教育心理学家。

第四节 价值观探索

一、价值观概述

(一) 什么是价值观

价值观就是个体在工作和生活中所看重的原则、标准或品质，是个体用来区分好坏、分辨是非、判别重要性并指导行为的心理倾向系统，是个体核心的信念体系。价值观支配着个体的行为、态度，决定了其在一定社会环境中的取向和追求，是个体判断事物价值大小及对自己重要程度的总体评价标准。每个个体都是根据自己的价值观去行事的，尤其是面临选择和决策时，藏在深处的价值观总是自然而然地起着指引和决定的作用。

价值观具有以下几个特点：首先是稳定性和持久性。个体的价值观一旦形成便具有相对的稳定性，形成一定的价值取向和行为准则，短时间内往往很难改变。当然了，价值观的稳定性和持久性并不是说价值观会一成不变地伴随个体一生。随着社会群体的自然更替和社会环境的变化，社会群体的价值观是不断变化的，表现为新的价值观、价值体系对传统价值观、价值体系的冲击和挑战，呈现出以新代旧的趋势。这种价值观的变化在社会变革时显得尤为明显。其次是历史性和选择性。价值观是后天形成的，在形成的过程中受到家庭和社会环境因素的影响。不同的历史时代、社会背景会形成不同的价值观，不同的个体在成长过程中受所处环境的影响也会形成不一样的价值观。再次是主观性。价值观的作用方式是内隐的，不能直接被外界观察和记录，具有主观性。

价值观决定人的自我认识，它直接影响和决定一个人的理想、信念、生活目标和追求方向，只有通过价值观的判断，个体才能明白事物对自己的意义，并成为决定行为和决策的充足依据。因此对自己的价值观进行探索是自我认知中不可忽视的一部分。首先，价值观对动机有导向作用。个体的动机受价值观的支配和约束，影响着个体动机和行为模式的形成。在相同情境下，价值观不同的个体，其动机和行为模式也不同，经过价值观判别之后，被认为是可取的那些因素才能转化为行为的动机，进而引导人们的行为。比如，对于金钱的观念，“拜金主义”者认为金钱是最重要的，为了金钱可以抛却道德、罔顾法律；而有的人则把钱财用来做慈善或社会公益事业。其次，价值观具有认知反映功能。价值观作为一种内隐的评判体系是个体对客观世界及行为结果的评价和看法，能够反映个体的认知程度和需求状况。一般情况下，对外部世界的正确认知有助于个体形成积极合理的价值观，若是对外部世界的认知出现偏差或失误则会形成消极或错误的价值观。

（二）价值观的分类

1. 奥尔波特六分法

人本心理学先驱、美国著名人格心理学家奥尔波特将价值观分为理论型（科学型）、经济型（实用型）、宗教型（信仰型）、审美型、社会型和政治型六种类型。

理论型（科学型）价值观主要强调对于真理的追求，拥有这种价值观的人具有旺盛的求知欲，重知识，爱科学，擅长观察、分析和推理，具有很强的自制能力，能够很好地控制自己的情绪。

经济型（实用型）价值观讲求实效，对于实用性的知识感兴趣。拥有这种价值观的人看重事物的功利价值，讲究经济效益，追求财富积累，倾向于从经济观点出发看待一切事物，判断事物的有用程度。

宗教型（信仰型）价值观追求善的普遍性，相信命运，相信超自然的力量，具有坚定的信仰，能够约束和抑制他们认为低俗的那些欲望，倾向于创造崇高的境界和体验。

审美型价值观以感受事物的美为人生的最高价值，追求艺术美感，致力于使事物变得更有魅力，具备较强的审美能力。

社会型价值观崇尚人际交往，具有这类价值观的人重视与他人的关系和人际往来。他们享受人际交往的快乐，并且从帮助他人中获得乐趣，喜欢互相依靠和共同生活，致力于增进社会的福利。

政治型价值观以掌握权力为最高价值，对权力有着超于常人的欲望和偏好，喜欢占据支配性的地位。具有此类型价值观的人总是充满自信，喜欢组织和支配他人，希望显示自己的能力和影响。

2. 格雷夫斯七等级价值观

行为科学家格雷夫斯在大量调查的基础上对价值观进行了归类，从表现形态上将价值观概括为以下七个等级：

第一级为反应型。这种类型的人对于周围的事物缺乏认识，并未意识到自己和周围社会成员的存在以及存在意义。他们对于周围事物的反应都是基于自己基本的生理需要，而不顾其他任何条件。

第二级为部落型。具有这种类型价值观的人对他人有着很强的顺从性和依赖感，缺乏独立人格，服从于传统习惯和权势。

第三级为自我中心型。这种类型的人信仰极端的个人主义，完全以自我为中心，只关注自身利益，自私冷酷而又喜欢挑衅。但是对于权力有着很强的服从性。

第四级为坚持己见型。持有这种类型价值观的人立场鲜明，无法容忍模棱两可或含糊不清的意见，难于接受不同的价值观，喜欢把自己的观点强加于他人之上，希望别人接受他们的价值观。

第五级为玩弄权术型。具有这种类型价值观的人非常看重地位和社会影响，通过摆布别人来达到个人目的，极端现实而又积极追逐名利。

第六级为社交中心型。这种类型的人把被人喜爱和与人良好相处看作非常重要的目标，重视自己和他人的联系。

第七级为存在主义型。具有这种类型价值观的人具有很高的容忍度，能接纳和容忍不同的观点、意见，也敢于直言表达自己的观点、意见和态度。

二、价值观与职业生涯规划

（一）职业价值观

价值观是人们认识、评价周围客观事物是否满足自身或社会需要的内部标准，这种标准体现在职业选择和职业评价上就是职业价值观。职业价值观反映了一个人对职业的认识和态度以及他对职业目标的追求和向往，具有明确的目的性、自觉性和坚定性，对一个人职业目标和择业动机起着决定性的作用。职业价值观是个体在后天发展中形成的，受个体性别、年龄、兴趣爱好、阅历教育状况、家庭、社会环境等方面的影响，个体对各种职业有着不同的认识和不同的主观评价。这种认识和评价决定了人们对职业的期望，影响着人们对就业方向和具体职业岗位的选择，关系到人们就业后的工作态度和取得的成绩水平，从而决定了人们的职业发展情况。

（二）社会主义核心价值观在职业选择中的作用

社会心理学将价值观看作是个体的心理现象和个体的社会心理现象，认为价值观既是个体的选择倾向，又是个体态度、观念的深层结构，同时还是群体认同的重要依据。换言之，价值观可分为个体价值观、社会价值观和国家文化价值观三个层面。个体价值观是个体层面的价值体系，作为一套保障社会制度稳定及正常运作的行为准则，必然要符合社会层面的价值观和国家文化价值观。党的十八大提出，倡导富强、民主、文明、和谐，倡导自由、平等、公正、法治，倡导爱国、敬业、诚信、友善，积极培育和践行社会主义核心价值观。富强、民主、文明、和谐是国家层面的价值目标，自由、平等、公正、法治是社会层面的价值取向，爱国、敬业、诚信，友善是公民个人层面的价值准则。

对大学生而言，树立正确的职业价值观，践行社会主义核心价值观对其职业定位、择业行为、择业手段以及职业发展都具有重要的影响。个人不能离开社会而独立存在，个人的发展离不开社会的发展，个人的职业价值也只有通过在工作中为社会多做贡献才能实现。那种只考虑个人、不考虑国家和社会需要的职业价值观是不可取的。大学生在择业时要正确处理好个人利益与国家、社会利益的关系。当然这并不是说我们在择业时要完全忽略个人的感受，只去尽社会责任，这样不但不利于个人发展，也会造成社会资源的浪费和损失。只有形成与社会发展相适应的职业价值观，才能使个人在正确的道路上实现职业理想和人生价值，达到自我发展和社会发展的协调。

三、价值观的探索方法

人的价值观千差万别，又具有很强的主观性，但并不是不可测量和评估的。在日常生活、学习中，我们可以通过一些量表工具来探索自己的职业价值观，也可以通过一些简便易行的方法来了解自己的职业价值观。

（一）职业锚测试

我们知道，锚是使船只停泊定位用的金属器具。那么职业锚是什么呢？职业锚（Career anchors），又叫职业定位或职业系留点，是指当个体不得不做出选择的时候，无论如何都不会放弃的职业中的那种至关重要的东西或价值观，是个体选择和发展职业时所围绕的中心。职业锚是个体在与工作环境互动过程中，通过将实际工作与自身能力、动机和价值观等相互作用、相互整合而形成的，是个体职业观念的核心。

职业锚理论是由美国著名职业指导专家、麻省理工学院的施恩教授在几十年理论研究和实践基础上于1978年提出的。职业锚理论强调个人能力、动机和价值观三方面的相互作用与整合，为个体选择职业提供了一种基础。职业锚测评主要是通过对个体过去行为的分析和未来目标的探索，帮助个体认清真实的自我，从而在面临职业选择时，做出与个体价值观和真实自我相匹配的职业决策。经过不断研究，施恩共发现了8种类型的职业锚，分别是自主型、创业型、管理型、技术职能型、安全稳定型、挑战型、生活型、服务型。目前，职业锚测评已成为国外职业测评运用最广泛、最有效的工具之一。

（二）WVI工作价值观量表

WVI工作价值观量表是美国心理学家舒伯于1970年编制的，用来衡量与工作满意状况有关的价值观以及激励人们工作的目标。该量表将职业价值分为3个维度：一是内在价值观，即与职业本身性质有关的因素；二是外在价值观，即与职业性质有关的外部因素；三是外在报酬，共计13个因素，分别是利他主义、美感、智力刺激、成就感、独立性、社会地位、管理、经济报酬、社会交际、安全感、舒适、人际关系和变异性。

（三）罗克奇价值观调查表

罗克奇价值观调查表是国际上广泛使用的价值观问卷，是由美国社会心理学家米尔顿·罗克奇于1973年编制的，用该量表可以测得不同的价值观在不同的人心目中所处的相对位置，或相对重要性程度。罗克奇认为，个体的各种价值观是按一定的逻辑意义联结在一起的，是依据一定的结构层次或价值系统而存在的。价值系统是沿着价值观的重要性程度的连续体而形成的层次序列，主要包括两种价值观序列，即终极价值观和工具价值观。终极价值观序列由“目的”价值观组成，指的是个人价值和社会价值，用以表示存在的理想化终极状态和结果；工具价值观序列由“工具”价值观组成，即与其为人处世方式有关的价值观，指的是道德或能力。每个序列又包含 18 种价值观，各种价值观后都有一段文字描述，施测时按照各种价值观对自身重要性程度进行排序。

第五节　能力探索

当一个人的能力和工作要求相匹配时，最容易发挥自己的潜能，并且获得一种满足感。相反，当一个人去做自己力所不能及的工作时，就会感到焦虑，甚至产生挫败感。而当一个人能力超出工作要求太多时，又容易感到工作缺乏挑战，比较乏味。因此，我们要寻求个人能力与职业技能要求的适配。

一、能力

（一）能力的含义

能力是顺利、有效地完成某种活动所必须具备的心理条件。能力是和完成某种活动相联系的，能力的发展会受到素质、知识和技能、教育、社会实践和主观努力等因素的影响，因此能力的发展会出现个体差异，如智商的高低、能力类型的异同、能力发展的早晚等。能力是不断发展、永不停滞的，所以时时刻刻都要加强对职业所需能力的培养。

（二）能力的分类

1. 按照能力发展程度分类

才能是具备发展某种能力所需要的各种心理条件。例如，具备了音乐能力所需要的心理条件，就可以说有音乐才能。一个人不仅具备了才能，而且能力所需要的各种心理条件达到了完美结合，又为人类作出了杰出贡献的就是天才，如莫扎特、贝多芬都是音乐天才。

2. 按照能力的结构分类

可以把能力分为一般能力和特殊能力。一般能力即平常所说的智力；特殊能力是从事某种专业活动或某种特殊领域活动所表现出来的能力，如音乐能力、数学能力、写作能力等。

3. 按照能力所涉及的领域分类

可以把能力分为认知能力、操作能力和社交能力。认知能力是获取知识的能力，即智力；操作能力是支配肢体完成某种活动的能力，如体育运动、手工操作能力；社交能力是从事社会交往的能力，如语言表达和感染力、组织管理能力等。

4. 按照创造程度分类

按照创造程度，可以把能力分为模仿能力、再造能力和创造能力。模仿能力是仿效他人行为的能力；再造能力是按照现成的模式或程序掌握知识技能的能力；创造能力是不按照现成的模式或程序，独立掌握知识技能、发现新规律、创造新方法的能力。每个人都具有一种或多种能力组成的能力系统，了解能力的分类，可以更客观、系统地评价自己所具备的各种能力，从而能更准确地匹配职业。

（三）能力的影响因素

能力的影响因素主要体现在素质、知识和技能、教育、社会实践和主观努力五个方面。

1. 素质

素质是有机体天生具有的某些解剖和生理特征，主要是神经系统、大脑的特征及感官和运动器官的特征。素质是能力发展的自然前提，离开这个物质基础就谈不上能力的发展。天生或早期听障的人难以发展音乐能力，双目失明者无从发展绘画才能，严重的早期脑损伤或脑发育不全的缺陷是智力发展的障碍。素质是能力发展的自然基础，但不是能力本身。素质作为先天生成的解剖生理结构，不能直接地决定能力。先天素质只是为能力的发展提供了最初的可能性。

2. 知识和技能

知识是人类社会历史经验的总结，从心理学的观点来说，是头脑中的经验系统以思想内容的形式为人所掌握。技能是操作技术，是对具体动作的掌握，它以行为方式的形式为人所掌握。知识、技能与能力有着密切的联系。知识是能力形成的理论基础；技能是能力形成的实践基础。能力的发展是在掌握和运用知识、技能的过程中实现的；同时，能力在一定程度上决定着一个人在知识技能的掌握上可能取得的成就。能力和知识、技能密切相关，它们之间既相互联系又互相制约，这种关系主要体现在：掌握知识、技能以一定的能力为前提；能力制约着掌握知识、技能的快慢、深浅、难易和巩固程度，而知识的掌握又会导致能力的提高。当然，知识、能力的发展与技能的发展是不完全同步的。

3. 教育

教育是掌握知识和技能的具体途径和方法。教育不仅在儿童和青少年的智力发展中起着主导作用，而且对能力的发展同样也起着主导作用。教育不但使学生掌握知识和技能，而且通过知识和技能的传授，还能促进心理能力的发展。学校教育对学生能力的培养是至关重要的，但是当他们走上工作岗位以后，原来已经掌握的知识和技能，就显得不够用，有些甚至已经过时了。因此，在组织中，对在职员工的教育和培训就显得特别重要，他们必须掌握多种知识、多种技能，并能进行综合运用。

4. 社会实践

能力是人在改造客观世界的实践活动中形成和发展起来的，劳动实践对各种特殊能力的发展起着至关重要的作用。不同职业的劳动制约着能力发展的方向，不同的实践向人们提出不同的要求，人们在实践和完成任务活动中，不断地弥补薄弱环节，从而使能力得到相应的发展和提高。

5. 主观努力

主观努力是获得成功的必由之路。要使能力获得较快和较大的增长，没有主观的勤奋努力是根本不可能的。世界上有这么多政治家、科学家和发明家，无论他们从事的领域有多么不同，他们的共同点是长期坚持不懈、刻苦努力、顽强地与困难作斗争；没有刚毅、顽强、百折不挠的意志力，任何成就都不可能取得，也无从谈起能力的发展。

二、职业能力

（一）职业能力的含义

职业能力是人们从事某种职业的多种能力的综合。例如，作为教师只具有语言表达能力是不够的，还必须具有对教学的组织和管理能力，对教材的理解和使用能力，对教学问题和教学效果的分析、判断能力等。如果说职业兴趣能决定一个人的择业方向，以及在该方面所乐于付出努力的程度，那么职业能力则能说明一个人在既定的职业方面是否能够胜任，也能说明一个人在该职业中取得成功的可能性。

（二）职业能力的类型

由于职业能力是多种能力的综合，因此我们可以把职业能力分为一般职业能力、专业能力和综合能力。

1. 一般职业能力

一般职业能力主要是指一般的学习能力、文字和语言运用能力、数学运用能力、空间判断能力、形体知觉能力、颜色分辨能力、手的灵巧度、手眼协调能力等。此外，任何职业岗位的工作都需要与人打交道，因此人际交往能力、团队协作能力、对环境的适应能力，以及遇到挫折时良好的心理承受能力都是我们在职业活动中不可缺少的能力。

2. 专业能力

专业能力主要是指从事某一职业的能力。在求职过程中，招聘方最关注的就是求职者是否具备胜任所应聘的岗位工作的专业能力。例如，你去应聘教学工作岗位，对方最看重你是否具备最基本的教学能力。

3. 综合能力

这里主要介绍国际上普遍注重培养的“关键能力”，包括以下四个方面。

（1）跨职业的专业能力

从以下三个方面可以体现出一个人跨职业的专业能力：一是运用数学和测量方法的能力；二是计算机应用能力；三是运用外语解决技术问题和进行交流的能力。

（2）方法能力

一是信息搜集和筛选能力；二是掌握制订工作计划、独立决策和实施的能力；三是具备自我评价能力和接受他人评价的承受力，并能够从成败经历中有效地吸取经验教训。

（3）社会能力

社会能力主要是指一个人的团队协作能力、人际交往和善于沟通的能力。在工作中能够协同他人完成工作，对他人公正宽容，具有准确裁定事物的判断力和自律能力等，这是岗位胜任和在工作中开拓进取的重要条件。

（4）个人能力

随着我国经济体制改革的深入、法制的不断健全完善，人的社会责任感和诚信将越来越被重视，假冒伪劣将越来越无藏身之地，一个人的职业道德会越来越受到全社会的尊重和赞赏，爱岗敬业、工作负责、注重细节的职业人格会得到全社会的肯定和推崇。

（三）提高职业能力的途径

1. 主观能动性能促进职业能力的培养

能力的形成和发展有其自然的前提，即人的遗传素质。如果个体在脑神经系统、运动器官、感觉器官的解剖生理结构和机能方面有缺陷，就难以形成和发展相应的能力。不过，马克思说：“搬运工和哲学家之间的原始差别要比家犬和猎犬之间的差别小得多，他们之间的差异是分工形成的。”因此，对常人来说，能力，特别是职业能力的形成和发展不取决于先天，而在于后天的环境教育训练及实践活动。例如，邓亚萍小时候由于个子不高，在行家看来不是打乒乓球的料，但由于她勤奋拼搏，能够吃常人难吃之苦，终于成为世界乒坛上一颗璀璨的明星。这就说明充分发挥人的主动性非常重要。

2. 接受教育和培训能促进能力的形成

父母是我们的第一任老师。我们从父母那里接受了最初的职业意识，并获得了最初的基本能力。个体获得知识能力，主要是来自间接经验的传递。有目的、有计划、有组织的学校教育可以充当这一媒介。提高职业能力最有效的方法就是接受教育和培训，短期职业教育和高等教育都能使人获得一定的基础知识和职业技能，在上岗前再参加一些针对性强的专门培训，对上岗后更好地胜任岗位职责会有很大的帮助。

3. 通过不断地实践提高职业能力

我国古代思想家王充在他的论著中就指出“施用累能”“科用累能”，就是说能力是在使用中积累的，从事不同职业活动的人积累不同的能力。著名戏剧家斯坦尼斯拉夫斯基（Konstantin Sergeyevich Stanislavski）也说：“没有顽强的细心的劳动，即便是有才华的人也会变成绣花枕头似的无用的玩物。”这都突出了实践活动在能力形成和发展中的作用。职业能力和职业实践互为因果，从事一定的职业活动需以一定的能力为前提，但在实践过程中不断涌现出来的新问题、新要求则会促使相应能力水平的持续提高。

4. 一些良好的品质对能力的形成和发展有重要的意义

例如，谦虚能使人保持旺盛的求知欲和进取精神，这样不仅会激发人发挥自己的能力，还可以使人挖掘自己的潜能，从而促进能力的发展。再如，毅力不仅能帮助人战胜困难，成为成功的外部条件，而且能使人战胜身体上的某些缺陷（如口齿不清），使能力得到发展。另外，“勤能补拙”也说明了个人的勤奋努力对能力的发展有着积极的作用。

第三章　社会职业认知

第一节　社会职业认知概述

一、社会职业认知的概念

社会职业认知是指个体在社会环境中对职业及相关领域的知识、理解、信念和期望的认知结构。它涵盖了个体对自己职业生涯的认知，包括职业选择、职业发展、职业决策和职业满意度等方面的观念和理解。

二、社会职业认知的组成部分

（一）职业知识和信息

在现代社会中，职业知识和信息对个体的重要性日益凸显。个体对各种职业及其特点、要求、机会和前景的了解程度，直接影响着他们的职业发展和生涯规划。这种知识不仅仅是通过正规教育获得的，还包括工作经验、社交交流以及对行业趋势的关注。了解不同职业的特点是建立在深入研究和实地体验之上的。不同的职业领域拥有独特的工作内容和特定的技能要求。例如，技术行业可能需要具备程序编码能力和数理逻辑思维，而销售行业则侧重于沟通能力和市场洞察力。通过教育培训和行业导师的指导，个体可以更清晰地理解自己的兴趣和能力与不同职业的匹配度。了解职业的要求是实现职业目标的关键。

不同职业阶段和级别对技能、知识和经验有不同的要求。例如，初级职位可能更注重基础技能的掌握和工作表现，而高级职位则需要领导能力、战略眼光和跨部门协调能力。了解这些要求有助于个体规划自己的职业发展路径，有针对性地提升所需技能和经验。

对职业机会和前景的了解可以帮助个体做出明智的职业选择。随着经济、技术和社会的变化，不同行业的职业机会和前景也在不断演变。例如，新兴技术领域可能会出现新的职业机会，而某些传统行业可能会面临就业市场的挑战。通过持续的市场调研和行业分析，个体可以更好地把握职业发展的机会，避免盲目选择而导致职业发展的停滞或误判。职业知识和信息的获取途径多种多样。除了学校课堂上的学习，还包括实习、兼职工作、行业协会活动、专业研讨会和社交网络等多种形式。通过积极参与这些活动，个体不仅能够增加实践经验，还能够建立行业人脉和获取最新的职业信息。

（二）职业自我效能感

职业自我效能感建立在个体的经历和成就上。通过成功的工作经验、克服挑战的历程以及取得的成就，个体逐渐形成对自己能力的自信。这种自信不仅仅是对技术性能力的自我评估，还包括对解决问题、应对挑战以及在工作中展现领导力的信心。社会环境和支持系统对职业自我效能感的形成至关重要。来自家庭、教育背景、同事、上级以及导师的认可和支持，能够显著增强个体对自身能力的认同感。同时，积极的工作环境和鼓励创新的企业文化也能够培养个体的职业自我效能感，促进他们在工作中的积极表现和职业发展。职业自我效能感与个体的职业选择和发展密切相关。那些具有高度职业自我效能感的个体，往往更愿意接受具有挑战性和发展空间的工作机会，并且更有可能持续投入时间和精力来提升自己在职业领域中的表现。相反，缺乏职业自我效能感的个体可能会更容易退缩或者对自己的职业前景感到怀疑，从而导致职业发展的停滞或者不确定性。职业自我效能感的建立是一个持续发展的过程。个体可以通过不断学习和探索，提升自己的专业技能和知识水平，从而增强对职业发展的信心。同时，通过寻求反馈和与他人分享经验，也能够加强职业自我效能感的形成和巩固。

（三）职业兴趣和偏好

职业兴趣是指个体对特定职业领域或工作内容的喜好和倾向。这种喜好可以基于个体对某些活动、技能或主题的兴趣和热情。例如，有些人可能对艺术创作、设计或音乐表演充满热情，而另一些人则可能更喜欢分析数据、解决复杂问题或进行科学研究。个体的职业兴趣往往与其个性特质和价值观密切相关，因此在职业选择时，寻找与个人兴趣高度契合的工作可以带来更大的工作满意度和成就感。职业偏好涉及个体对工作环境、工作方式以及团队文化的倾向和喜好。有些人可能更喜欢独立工作和自主决策的工作环境，而另一些人则可能更喜欢团队合作和互动频繁的工作场所。职业偏好也可能包括对工作时间、地点和工作压力的偏好。理解和认识自己的职业偏好，有助于个体在职业生涯规划中选择最适合自己的工作岗位和工作环境，从而提高工作生产力和工作满意度。

职业兴趣和偏好的形成受多种因素影响。个体的教育背景、家庭环境、社会经验以及职业导师或导师的指导都可以影响其职业兴趣的发展。同时，通过实习经验、志愿活动或行业交流，个体可以更深入地了解不同职业领域的工作内容和工作环境，进而调整和完善自己的职业兴趣和偏好。职业兴趣和偏好的认知和发展是一个动态的过程。个体随着时间和经验的积累，可能会发现自己的职业兴趣和偏好会有所变化和调整。因此，持续的自我反思和职业规划是至关重要的，可以帮助个体更好地适应职业市场的变化，实现职业生涯中的个人成长和发展。

（四）职业决策和规划能力

职业决策的过程包括对自身兴趣、技能和价值观的深入了解。个体通常会通过自我评估、职业测评和与职业顾问的交流来梳理自己的职业目标和职业价值观。这些评估有助于确定个体最看重的职业因素，如工作内容、工作环境、职业发展机会等，从而为职业决策提供基础。有效的职业规划能力包括设定短期和长期的职业目标，并制定实现这些目标的具体策略和行动计划。个体可以通过分析职业市场趋势、行业需求和个人能力来确定最合适的职业发展路径。例如，他们可能会选择接受特定的教育培训、获取专业认证或参与行业实习以增强自己在特定领域的竞争力。

职业决策和规划能力还包括在职业生涯中灵活应对变化和挑战的能力。随着经济、技术和社会环境的变化，职业市场可能会出现新的机遇和挑战。个体需要具备适应变化的能力，不断更新自己的技能和知识，以及调整职业目标和发展策略，以便在竞争激烈的环境中保持竞争力。职业决策和规划能力的提升需要个体持续地进行反思和学习。这包括寻求反馈、与行业专家和同行交流、参加职业发展培训和课程等。通过这些活动，个体可以不断完善自己的职业认知和决策能力，更加有效地实现个人职业目标并提升职业成就感。

第二节　社会选才与就业制度

一、社会选才的通行标准

知识经济时代，人力资本成为推动经济发展的最核心因素，社会用人单位尤其是作为市场经济活跃细胞的企业，更加重视人才支援对企业发展的贡献率，选拔和聘用人才业已成为企业发展的重要方式，其选聘人才的通行标准主要包括以下几方面。

（一）优秀的道德品质

在现代职场中，最为用人单位所看重的往往并不是求职者的专业素养和学习成绩，而是诚信、责任忠诚、奉献精神等很多常常为学生所忽略的道德品质。许多知名企业都把道德品质列在人才标准的首位，因为道德是立身之本，是一个人素质的核心体现。恰恰就是这些看似平常的品质，决定着一个人在职场中能否成功以及所能到达的高度。对于接受了高等教育的大学生，要首先注重自身道德素养的培养，“不以恶小而为之；不以善小而不为”，要从小事做起，从荡涤自己的心灵开始，养成优良的道德品质，为自己的未来发展奠定坚实的道德基础。

（二）崇高的敬业精神

爱岗敬业是职场从业者基本的价值观和信条，是职业精神的核心，是对从业者工作态度的普遍要求。在当今全球经济向知识型、高技能、资讯科技高速发展的时代，企业考虑的不再仅仅是专业人才的欠缺，而是更加担忧敬业精神的弃失。作为一个年轻人，要想适应当今的职场，成为受单位欢迎的人，就必须重业、乐业、勤业和精业，具备明确的工作目标和强烈的责任心，带着激情去工作，勤奋、踏实、尽责有效地完成自己的本职工作，在领导和同事心目中树立爱岗敬业、忠于职守的美好形象。

（三）对企业文化的高度认同

企业文化是企业的灵魂，是推动企业发展的不竭动力。是企业在实践中逐步形成的为全体员工所认同、遵守、带有本企业特色的价值观念，是经营准则、经营作风、企业精神、道德规范、发展目标的总和，其核心是企业的精神和价值观。对企业文化的认可与接受程度反映着毕业生个体的价值观与企业所追求的价值的一致性。对企业文化认可程度高，则表明个体可以更好地将个人价值的实现与企业追求的目标有机结合，从而自觉地把自己融入企业大团队中，产生强烈的自豪感、责任感、忠诚度和工作力，自觉服从企业。规范与管理，用企业文化来约束自己的行为，以积极的心态和高效的工作为企业发展出力，最大限度地发挥个体的作用。相反，认可程度低，就意味着个体很难将个人追求与企业发展目标统一起来，也无法真正融入其中，反而常常会由于价值概念上的差距和矛盾而产生对企业的拒绝、抵触和逃避，影响到工作的态度和个体创造性的发挥。大学生求职前，要着重对所选择的企业文化有所了解，看自己是否认同该文化。了解企业文化，既是增加择业成功的砝码，也是对自己的职业发展负责。

（四）良好的团队意识与合作能力

在社会分工不断细化，各个行业和领域专业化和专门化的程度都在不断提高的今天，无论是生产还是研究，人们面临的问题都日益复杂，而且包含着多学科的内容，一个人很难胜任，需要多种人才通力合作，综合多方面的知识才能解决。因此，合作意识和团队精神就显得极为重要。优秀的企业都很注重团队意识与合作精神，将之视为企业文化的重要价值观之一。

（五）出众的创新能力

创新是社会发展和进步的源泉，是一个民族进步的灵魂，是一个国家兴旺发达的不竭动力。不创新，新的思想无法产生；不创新，新的产品无法问世。可以说，思想改变了世界，创新造就了辉煌。对于大学生来讲，创新能力源于扎实的基本功。创新能力不但是其选人，也是其用人的重要标志，进入单位的大学生能否敢于在技术、管理等各个方面开拓创新，将在很大程度上决定其是否受到单位的重点培养。

（六）出色的学习能力

知识改变命运，学习改变未来。21 世纪是学习的世纪。我们处于一个变革的时代，只有不断地学习新知识，才能适应形势的发展和职场的快速变化，在时代的竞争中求得适应于发展的主动权。用人单位对于学习能力的要求已不仅仅停留在“学会”的层面，而是包括“应学”“能学”和“学会”等多方面的内容。这不但要求大学生要具有自主学习的意识，还要掌握科学的学习方法，具有勤奋学习的动力、创造性学习的态度、全面学习和终身学习的观念，从而使学习体现在个人职业生涯发展的整个过程。

上面所列举的六个方面是用人单位选拔人才时关注的部分内容，伴随着社会的发展和竞争的加剧，执行能力、思考能力、交往与沟通能力、协调能力、心理调节能力以及工作经验等，同样是今天的职场对职业人素质进行衡量和检验的具体指标。大学生应努力培养和提高这些职业化素质和能力，以更好地适应社会和用人单位对人才的需要。

二、社会就业制度

社会就业制度是由求职择业录用制度与走上岗位后的管理制度构成的。从我国的情况来看，社会就业制度与社会主义市场经济体制密切相关。目前，我国人力资源主要是市场化配置的模式，它促进了社会就业制度的不断完善。

（一）求职择业录用制度

1. 求职登记和职业介绍制度

按照我国颁布的失业人员登记管理办法规定，在一定劳动年龄内，有劳动能力、目前无业而要求就业的一般城镇居民，包括学校的毕业生，要到地方政府人力资源和社会保障部门的劳动就业服务管理机构（各市、区、县职业介绍中心和城镇各街道劳动管理科、职业介绍所）进行登记，领取求职证。进行登记后，就取得了合法的就业资格。这是政府介绍就业的前提，也是对失业人员发放失业保险金的先决条件。

2. 招收录用制度

根据我国人力资源管理体制，国有企业和非国有单位具有完全的用工权，企业招收普通员工后，要报人力资源和社会保障部门备案；国有企业和非国有单位招收管理人员、技术人员，须报政府人才交流中心批准。政府机关、事业单位招收有正式编制（体制内就业）人员，由上级主管部门和政府人事部门批准其人数编制后，才能招收。政府机关招收公务员和事业单位招收带编工作人员（职员），一般通过政府有关部门举办的考试选拔录用。

3. 社会保险制度

社会保险制度包括养老保险制度、医疗保险制度、失业保险制度、工伤保险制度和生育保险制度。失业保险制度是我国社会保险制度的重要组成部分，是依法筹集失业保险基金，对因失业而暂时中断劳动、失去劳动报酬的劳动者给予帮助的社会保险制度。社会保险制度是国家通过立法强制实行的，由劳动者、企业（业主）或社区以及国家三方共同筹资，建立保险基金，当劳动者因年老、工伤、疾病、生育、残废、失业、死亡等原因丧失劳动能力或暂时失去工作时，给予劳动者本人或供养的直系亲属物质帮助的一种社会保障制度。它既是保证劳动力再生产的必要条件，也是提高劳动生产率、均衡企业负担的有利因素；同时它也为企业改善经营管理和搞好劳动保护工作提出了统一的规范，为解决一系列社会问题创造了条件。社会保险制度是社会保障体系中最重要的项目，是社会保障的核心，具有强制性、保障性、福利性和互济性。

（二）职业管理制度

1. 国家公务员制度

国家公务员制度是指党和国家对国家公务员进行管理的有关法律政策等的统称或总称。其中包括《国家公务员暂行条例》和录用、考核、奖励、纪律、职务升降、培训、交流、回避、工资、保险、福利、辞职、辞退、退休、申诉、控告等单项制度及实施办法、实施细则等，实施公务员制度是干部人事制度的重大改革，对于我国社会主义市场经济体制和民主与法治建设等，都具有重要而深远的意义。国家公务员制度管理的对象是国家行政机关中除工勤人员以外的工作人员，既包括各级政府的组成人员，也包括在行政机关中从事党务、社团事务管理的专职工作人员。《中华人民共和国公务员法》是公务员制度法律化、正规化和标准化建设的依据。

国家公务员制度的建立，使我国政府机关的人事制度由计划经济下的管理模式转到与社会主义市场经济体制相适应的轨道上来。国家公务员制度的建立改革了计划经济体制下“大一统”的干部管理体制，使行使国家行政权力、从事行政管理活动的政府工作人员，从干部队伍中分离出来，形成符合政府机关特点的管理制度；改革了单靠“推荐”“领导考察”等“伯乐相马”的选拔人才方式，建立起符合市场经济要求，体现公开、平等、竞争、择优原则的用人环境和人员能进能出的管理机制，有利于各类人才脱颖而出和充分发挥作用，从而促进经济体制改革和社会主义市场经济体制的建设。建立国家公务员制度，有利于造就出适应现代化建设需要的，精干、高效的政府机关工作人员队伍，形成强有力的政府工作系统，为现代化建设提供有效的组织保证。

中国是一个社会主义国家，与西方资本主义国家有着本质的不同。公务员制度作为国家政治制度的一个组成部分，必然取决和服务于国家的根本社会制度。因此，中国的公务员制度与西方文官制度相比，有着质的区别，主要表现在以下几个方面。

（1）不搞“政治中立”。中国共产党的基本路线是建立中国公务员制度的根本指导原则。建立公务员制度的目的就是要为贯彻和执行党的基本路线提供制度保证。所以，要求公务员必须始终与党中央保持一致，坚决捍卫和执行党的路线、方针、政策。而西方文官制度则强调所谓“政治中立”的原则，要求文官不得参加党派等政治活动，在公务活动中不得带有党派的政治倾向性，等等

（2）坚持党管干部。中国共产党是领导各项事业的核心力量，公务员制度是党的干部制度的一个组成部分。在公务员的管理上，强调要坚持党的组织领导，贯彻党的组织路线，保持党对政府重要领导人选的推荐权。而西方文官制度则强调文官管理必须独立于党派之外，“不受任何党派干预”“与党派政治脱钩”，是独立的管理系统。

(3) 不搞“两官分途”。我国公务员制度没有“政务官”与“事务官”的划分。这是由于我国是共产党执政的国家，不搞多党轮流执政，所以不存在政务官与事务官的截然分野。而西方文官制度则实行“两官分途”，强调政务官的所谓政治化和事务官的所谓职业化，这是两个截然不同的职官体系，相互之间不能转任。

(4) 坚持服务于民的宗旨。做人民公仆，为人民办事，对人民负责，受人民监督，这是中国公务员最根本的行为准则。中国公务员没有自己集团的特殊利益，也不存在任何形式的特权。而西方国家的文官则是一个独立的利益集团，它受雇于政府，是政府的雇员，一切服从政府需要，为政府利益服务。总而言之，中国国家公务员制度的建立为公务员管理提供了基本法律依据，它学习和借鉴了西方文官制度中的一些积极内容，继承和发扬了中国干部人事管理工作的优良传统，总结和吸收了中国共产党十一届三中全会以来干部人事制度改革的经验和成果，并用法律的形式加以系统化和制度化。但是因为国家公务员制度是公务员法规体系中的基础性法规和总的章程，只能规定公务员管理中的一些基本原则和方法，所以在执行过程中，还应逐渐建立和完善与之相配套的制度体系。

2. 职业资格证书制度与就业准入制度

中国实行了就业准入制度和职业资格证书制度，这是规范中国劳动就业市场，保证从业人员质量，促进中国职业教育发展的两项重要制度。

(1) 职业资格证书制度。这是指按照国家制定的职业标准或任职资格条件，通过政府认定的鉴定评价机构对劳动者的技能水平或职业资格进行客观公正、科学规范的评价和鉴定，对合格者授予相应的国家职业资格证书。职业资格是对从事某一职业所必备的学识、技术和能力的基本要求。根据人力资源和社会保障部过去颁发的《职业资格证书规定》的有关精神，我国今后从业人员的职业资格分为从业资格和执业资格两种。从业资格是指从事某一职业（专业）的学识、技术和能力的起点标准，即从事某种职业的起点资格、起点水平，通过学历认定或考试取得。执业资格是指对某些责任较大、社会通用性强、关系公共利益的职业（专业）实行准入控制，是依法独立开业和从事某一特定职业（专业）的学识、技术和能力的必备标准，执业资格通过考试取得。从业资格和执业资格同属于职业资格，反映了职业资格含义的不同层次。获得从业资格只证明已达到从事某种职业所需掌握知识、技能的最低要求，而获得执业资格则反映其专业知识技能水平已达到执业的必备标准。例如，会计证是从业资格证书；执业医师证书、注册会计师证书属于能独立开业的执业资格证书。

与学历文凭证书不同，职业资格证书与某一职业能力的具体要求密切结合，反映特定职业的实际工作标准和规范，以及劳动者从事这种职业所达到的实际能力水平，所以它是劳动者求职、任职、独立开业的资格凭证，是用人单位招聘、录用劳动者的主要依据，也是境外就业、对外劳务合作人员办理技能水平公证的有效证件。目前，越来越多的单位在招聘时开始注重求职者有无职业资格证书、会计和电算化证、统计证、驾驶证、厨师证、电工证等等。我国将在许多专业领域实施职业资格制度，并逐步实现同世界各国的资格互认。

（2）就业准入制度。这是国家职业资格证书制度的主要内容。所谓就业准入，是依据《中华人民共和国劳动法》和《中华人民共和国职业教育法》的有关规定，对从事技术复杂、通用性广，涉及国家财产、人民生命安全和消费者利益的职业，必须经过培训并取得职业资格证书后，方可就业上岗。《国务院关于大力发展职业教育的决定》中指出：用人单位招录职工必须严格执行“先培训、后就业”“先培训、后上岗”的规定，从取得职业学校学历证书、职业资格证书和职业培训合格证书的人员中优先录用。要进一步完善涉及人民生命财产安全的相关职业的准入办法。劳动保障、人事、工商等部门要加大对就业准入制度执行情况的监察力度。对违反规定、随意招录未经职业教育或培训人员的用人单位给予处罚，并责令其限期对相关人员进行培训。

国家劳动和社会保障部根据国家经济和社会发展的要求，以及各行业职业的特点、性质，规定从2000年7月1日起在全国范围内对90个职业实行就业准入。其实，某些职业（专业）由于其技术性、专业性强而约定俗成地很早就实行了职业资格证书制度，如律师、注册会计师、电工、锅炉工等。而随着中国经济的飞速发展，科学技术水平的不断提高以及各行各业规范化的发展，一些原没有规定的职业也逐步实施了职业资格证书制度，最终目标是绝大多数职业岗位都将实施职业资格证书制度。

由于各种原因，某些行业不能很好地实行就业准入制度，使职业资格证书制度受到冲击，这不仅直接影响了职业院校及培训机构的生源，阻碍了职业教育的发展，更严重的是技术工种从业人员的素质得不到保证。国家制定职业资格证书和劳动准入制度的一个基本出发点和落脚点，就是加快促进劳动者改善素质结构和提高素质水平，进而促进劳动者就业和再就业能力的提高。不少农民工说，有证没证都一样，学它干什么？事实上并非如此。近年来，职业院校高度重视学生职业能力的培养和训练，使学生适应职业岗位的要求。湖北、北京、上海、浙江、辽宁等许多地方重视并积极推动职业学校学生取得职业资格证书工作，明确提出要坚持学历证书与职业资格证书并重，努力提高中等职业学校毕业生“双证”的持有率。2004 年，全国中职毕业生就业率达到 95%，就是一个很好的说明。实践证明，凡是经过必要的职业培训，具备劳动力市场需要的职业技能的劳动者，在竞争就业中就会处于优势地位，即使下岗失业也能在短期内通过自己的努力实现再就业。相反则会处于不利地位。因此，必须通过严格执行就业准入制度，促进劳动者主动提高自身的技术业务素质，实现劳动力资源合理开发和配置，并使其纳入良性发展轨道。

3. 劳动合同制度

我国的劳动合同制度从 20 世纪 80 年代中期开始试点，在 20 世纪 90 年代得到大力推行，至今已在城镇各类企业中广泛实施。中国的法律规定，用人单位与劳动者依法建立劳动关系，应该书面订立有固定期限、无固定期限或以完成一定的工作为期限的劳动合同；在订立劳动合同过程中，劳动关系双方必须遵循平等自愿协商一致的原则。实行劳动合同制度，明确了劳动者与用人单位双方的权利和义务，保障了劳动者择业自主权和用人单位的用人自主权。

（1）劳动合同制度的内容

这是劳动者与用人单位经过平等协商后达成的关于责任、权利和义务的条款。我国的劳动合同一般包括当事人名称（姓名）和地址、合同期限、试用期限、职务、工作时间、劳动报酬、劳动纪律、工作待遇、教育与培训、劳动合同的变更、劳动合同的解除、违约责任、其他事项（如住房问题、特殊困难）、纠纷处理（劳动争议）。而这些内容又可以分为两个部分来理解。第一部分是双方当事人自己订的条件，它包括必要劳动条件和补充条件，只要不与国家法律相抵触，完全可以由双方协商决定；第二部分是按照法律法规执行的条件，具有适用性和强制性。

（2）劳动合同的性质

劳动合同具有法律意义的性质，是劳动者与用人单位依法确立劳动关系的协议，是实现劳动权利和招用人员的法律形式。但它还具有社会性质，因为它还是用人单位招用和组织使用劳动力的手段，其社会经济地位在不同性质的国家是有差别的。在资本主义制度下，生产资料是归资本家私人占有，因而劳动者与资本家订立的劳动合同是一种劳动力买卖契约，它反映的是剥削与被剥削的劳动关系。而我国实行的是社会主义制度，实行了生产资料公有制和建立了社会主义市场经济体制，就铲除了产生剥削的经济基础。

（3）劳动合同的特征

劳动合同的双方必须是劳动者本人和用人单位；劳动合同双方当事人法律地位平等，但从组织管理上看，又具有隶属关系。劳动合同有约定的适用期，一般为3~6个月；劳动合同在一定条件下，往往还涉及第三人的利益。劳动合同必须依法定程序订立。订立劳动合同的法定程序主要是签订劳动合同书和鉴证劳动合同书。所谓签订，就是订立条约或合同并签字，表示对条约或合同负责。鉴证，就是审查，也就是劳动者与用人单位签订的劳动合同书，要送交劳动行政部门进行鉴证。经过鉴证的劳动合同生效后，就具有了法律约束力，双方均不能毁约。如有一方毁约，要受到劳动仲裁机构的处理。

(4) 劳动合同制度的意义

我国的劳动合同制度是市场经济条件下用人单位和劳动者确立劳动关系的法律制度，劳动者与用人单位通过签订劳动合同确立劳动关系，明确双方的权利和义务，是建立和完善社会主义市场经济体制的要求。经过多年的实践，我国的劳动合同制度基本建立，为培育和发展劳动力市场建立统一、开放、公正和规范的劳动力市场运行机制创造了有利条件；依法规范了企业的劳动用工行为，提高了劳动者的生产积极性，加强了劳动管理；维护了劳动者和企业的合法权益，增强了劳动者通过劳动合同来维护自身合法权益的意识，促进了经济发展和社会进步。

4. 市场就业制度

随着我国社会主义市场经济体制的逐步建立和不断完善，我国就业制度进行了相应的改革，打破了原来计划体制下单一的统包统配的就业模式。1998 年中央 10 号文件中第一次提出“要建立和完善市场就业机制，实行在国家政策指导下劳动者自主择业、市场调节就业和政府促进就业的方针，要按照科学化、规范化、现代化的要求，大力加强劳动力市场建设”。高校毕业生就业形势的严峻性和就业制度改革的深入发展促使国家确立了“市场导向，政府调控，学校推荐，毕业生与用人单位双向选择”的就业基本制度。毕业生就业制度的改革是 21 世纪高等教育改革的重要组成部分，对高等学校来说，就是要把人才培养和合理使用结合起来，增强学校面向社会自主办学的能力；对学生来说，有利于形成激励机制和竞争机制，提高学习的积极性和互动性；对用人单位来说，有利于促进其尊重知识，尊重人才，促使教育适应经济建设和社会发展的需要。

5. 人事代理制度

人事代理是指在人才合理流动中，个人的人事关系由人才中心代理，个人与用人单位只有劳动用工合同关系。它赋予了个人与用人单位更多的灵活选择权，促进了人才的合理流动，有利于人才资源的合理配置，是与社会主义市场经济体制相配套的新型人事管理方式，也是毕业生在择业和就业中的一个选择。

人事代理制度是指由政府人事部门和毕业生就业工作主管部门所属的人才指导服务机构，按照国家有关人事政策法规要求，接受用人单位或个人委托，在其服务项目范围内，为多种所有制经济尤其是非公有制经济单位及各类人才提供系列的、全方位的人事管理服务，是实现人员使用与人事关系管理分离的一项人事改革新举措。

人事代理可由单位委托，也可由个人委托；可单项委托，如只委托人才服务机构管理人事档案或代为招聘，也可多项委托。如可将人事关系、工资关系、人事档案、养老保险等多项事务一起委托人才服务机构管理，人事代理的对象分为两类，即用人单位和劳动者个人。不管用人单位是何种性质，只要有需求并和人才服务机构签订了代理协议就可成为人事代理的对象。人事代理可提供服务的个人对象主要包括下列人员：三资、乡镇、街道、民营、私营企业聘用的专业技术和管理人员；到非公有制单位工作、自谋职业和到外地应聘的大学毕业生；整体改制为非国有单位的原国有企事业单位的员工；党政机关、企事业单位辞职、辞退、解聘人员；事业单位改革实行聘用制的人员；灵活就业和自由职业者；外国驻当地机构的中方雇员和外地驻当地办事机构工作人员；出国留学及学成回国工作的人员；自谋职业的转业、退伍军人；其他各类流动人员。

第三节　社会职业的进入

一个人事业的成功很大程度上取决于其对职业的评价与选择。职业评价是职业选择的前提，可以促进大学生在多样的职业岗位要求中，明确自己的择业和发展方向，实现个人与职业岗位之间的优化组合，促进自我发展。

一、职业评价

职业评价是反映人们对职业的主观认识态度。通常以公众尺度和自评尺度两种方式来体现。公众尺度所反映的是由不同背景的公众对职业的等级排列次序；自评尺度所反映的是个体对职业的等级排列次序。二者之间相互联系、相互影响因为专业与职业是相互联系的，所以大学生对专业的评价和对职业的评价也是相互联系的。对职业的评价直接影响到职业的选择和就业后职业的流动。

（一）职业评价的相关理论

职业评价是随着社会职业的产生而出现的，自古有之。在我国，早在春秋战国时期，管仲就有“士、农、工、商”四民分业的主张。在元代，有“一官、二吏、三僧、四道、五医、六工、七猎、八民、九儒、十丐”的戏谑之言。到现在，人们对职业的评价不论是在学术界还是对普通百姓来说都是热门话题。

功能主义者认为，职业地位的差别是社会正常运行不可避免的，社会的正常运行，需要各行各业的劳动者共同正常发挥功能。但是，不同的职业对于任职者的要求也不一样，有的职业与人打交道多，有的职业与人打交道少；有的职业风险大，有的职业风险小；有的职业要求智力水平高，有的职业要求体力强；有的职业因技术要求较高故适应的人少，有的职业绝大多数人都可以胜任；等等。由于职业的差别出现了劳动报酬、荣誉等方面的差别，这就需要有一种社会机制去激励人们进行职业竞争。否则人们就不会进行更多的教育投资，不愿付出更多的努力，不愿承担更大的责任。

冲突论认为，在现代社会中，各种职业是相互依赖的，缺少谁都不行，清洁工的工作与医生的工作一样重要。职业地位的高低是职业垄断和社会冲突的结果，是职业特权的表现。

当然，解释职业地位的理论还不仅仅是以上两种，就以上两种观点来看，他们有共同之处，但也有较大的分歧。我们这里不是想弄清职业地位的理论解释，而是旨在针对职业地位的现实存在，如何来实施评价职业地位，通常有两种方式来确定：研究者根据某一因素来确定职业地位等级；通过职业声望调查来确定职业地位等级。有时也通过职业声望来验证研究者依据某一因素而确定的职业地位。

研究者中有代表性的是美国学者威廉·翰特（Wiliam Hunt）、阿尔伯·爱德华（Alba Edwards）和查理德·赛特（Richard Centers），他们分别依据职业经济地位和职业的社会地位来确定职业地位等级。翰特依据职业角色确定劳动者的经济地位，将全部职业从高到低分为四个等级：产业主；职员；熟练工人；一般体力劳动者。爱德华在1940—1950年按照社会经济地位将职业群体由低到高分为六个等级：非熟练工人；半熟练工人；熟练工人及工段长；职员；产业经理和官员；专业人员。赛特依据职业社会地位，将职业按高低依次分为七个等级：工商业者；专业人员；小企业所有者与经营者；白领工人；熟练体力劳动者；半熟练体力劳动者；非熟练体力劳动者。依据经济地位和社会地位对职业地位进行的职业等级排列反映了各职业群体的生活水平、知识水平与社会地位的差距，同时也为分析人们的职业流动提供了工具。

（二）职业声望和职业地位的评价因素

职业声望是职业地位在人们头脑中的主观反映，反映了一定时期内人们对职业的态度。研究者一般是选取具有代表性的公众和具有代表性的职业，通过调查数据来排列职业声望、反映职业地位。具有权威性的是美国诺思（Cecil North）和哈特（Paulk Hat）的设计。他们精选90种职业，对其职业声望进行评价，此量表成为研究职业声望的范例，不断地用来作为同类调查的参照系。近年来，我国也不断有职业声望量表公布，反映某个地区或几个地区的对比或综合情况。

大学生的职业声望，一般受社会职业声望的影响，但对个体来说也有各自的态度，反映的是对诸如权力、工资、晋升机会、发展前景、工作条件等职业地位资源状况的主观判断。值得正视和关注的问题是，大学生往往以某个单一因素作为判断的依据，这就容易发生偏离。一般来说，决定职业地位高低的因素主要有四项。

1. 职业社会功能

职业社会功能是指一定的职业对社会的作用，它由责任、权利、义务体现出来社会功能大的职业，任职条件高，职业层级就高。职业具有以下社会功能：职业的存在和职业活动构成了人类社会的存在和社会活动；职业劳动创造出社会财富，从而为社会的存在和发展奠定物质基础；职业的分工是构成社会经济制度运行的主体；职业是维持社会稳定，实现社会控制的手段；职业的运动如职业结构的变化、职业层次间的矛盾的解决是推动社会进步的一种动力。

2. 职业社会报酬

职业社会报酬是指任职者的工资收入、福利待遇、晋升机会、发展前景等，这是一个比较综合的指标。譬如，工资收入高，并不一定福利待遇高，也不一定晋升机会就多，发展前景就好。

3. 职业自然条件

职业自然条件是指与职业活动相关的自然工作条件。如技术装备、劳动强度、安全系数、卫生条件等。职业自然条件好，职业社会层级也就高。

4. 职业要求

职业要求是指一定的职业对任职者各项素质的要求。对人要求越高，被人替代的可能性就越小，职业社会层级也越高。

职业声望是以上四项因素的综合反映和综合作用的结果，任何单项因素都不能全面地反映职业声望的状况。有的职业从业者经济收入高，但社会地位并不高，如个体工商业者。

二、职业信息的获取

职业信息是指与职业相关的所有信息的统称，包括宏观信息和微观信息。职业信息是相对就业信息而言的，是对某种职业的各方面的特征的描述，是指对一个职业有关内在的分析，主要包括职业名称和代码、职业定义、主要工作内容、职业概况、职业声望、职业环境、职业报酬以及胜任这个职业应具备的职业素质等方面的信息。这些都是进行职业规划的外在重要依据，也是进行职业决策的前提和准备。而就业信息不同于职业信息，是特指与就业相关的信息和情况，包括就业决策、就业制度、就业岗位需求情况等。狭义的就业信息是指岗位需求和招聘信息。

职业信息的数量和质量对于大学生的职业选择与决策来说具有非常重要的意义。了解一些有关职业的基本信息，对大学生将来择业、就业乃至创业都非常重要。获取职业信息的方式可以分为两大类：一类是间接信息，这些信息存在于各种媒体中，可以通过各种媒体来获得；另一类是直接信息，就是通过直接与该职业建立关系，亲身感受，获得第一手资料。

（一）间接信息的获取

我们生活在信息化社会，在这样一个信息爆炸的时代，每时每刻都有数不清的信息被更新发布。大学生在寻找职业信息时，首先需要将所需要的职业信息从信息海洋中挑选出来。职业信息可以通过以下渠道获取。

1. 官方出版物

我国最权威的职业信息当属《中华人民共和国职业分类大典》（以下简称《分类大典》）。《分类大典》中对每个职业内容的介绍包括职业编码、职业名称、职业定义、职业描述及归入本职业的工种名称与编码等。比如，如果你想了解“会计”这个职业的具体内容，你可以到《分类大典》的第二大类“专业技术人员”中找到第六中类“经济和金融专业人员”，再从第六中类中找到第三小类“会计人员”，然后再找“00”细类“2-06-03-00 会计专业人员”职业。《分类大典》对“会计人员”的职业名、称职业定义、职业内容有非常具体的描述和介绍。查阅《分类大典》不仅有助于大学生了解职业产生的背景，而且还可以了解到当代社会所缺少和需求的职业。对于大学生来说，新职业发布制度无疑是一个有效且及时了解职业信息的渠道。

2. 传记和杂志

传记是职业信息的重要来源。许多职业中的优秀人物都有自传，如政治家、艺术家、科学家、企业家、记者、电影导演、演员、主持人、建筑师、运动员等。《杰克·韦尔奇》自传详细地介绍了一个有志于做企业管理的人如何从一个大学毕业生成长为世界上最优秀企业的核心管理人员并创造了辉煌业绩的过程，其中有大量企业内各种职业的信息。除了个人自传外，某人或者某个组织的传记也是很好的职业信息来源。《联想风云》在描述联想集团诞生、发展的过程中，给读者生动地介绍了柳传志作为一个优秀民营企业家的生涯发展历程；《华为内幕》等书籍也从华为公司发展的过程介绍了任正非等优秀企业家的传奇生涯，提供了大量的企业家工作内情。

阅读和职业相关的科普杂志或者学术期刊也是很好的收集职业信息的途径，《电子工程师》《网管员世界》《程序员》《服装设计师》《中国金融家》《人力资源开发与管理》《大众心理学》《连锁与特许：管理工程师》《科技创业月刊》等杂志可以带来非常多的行业的工作信息。

杂志报纸不仅能够提供行业信息，同时还能提供各地劳动力市场的信息。各种报纸包含着大量的当地劳动力市场上各行各业的情况。倘若要了解某地某行业的发展前景，可以选择1~2种该地该行业的报纸或杂志，将一段时间内的这些资料集中起来进行研究，从中会得到很有价值的信息。在目前官方职业信息还不够全面、丰富的情况下，通过近万种全国发行的报刊来收集职业信息，应当是一种非常有效的办法。报刊更新速度快，能够跟上社会发展的步伐。更重要的是，它的信息要比网络信息更准确、更值得信任。

3. 视听资料

包括电影、录像以及各类有关的电视节目在内的视听资料也能提供很多职业信息。各种职业技术培训使用的录像、光盘能提供大量职业内容，并且这些资料在书店或者网络上都能很方便地买到。在电视节目方面，诸如《职来职往》《非你莫属》等节目都是直接针对职业信息创办的栏目。《劳动·就业》栏目是直接针对职业发展创办的节目。除了这些专题的栏目外，还有很多地方电视节目也能提供某类职业的具体信息。关于表现许多英雄人物形象以及企业家、创业成功人士、教师、服装设计师、广告设计师、销售员、房地产开发商、心理咨询员、消防员、警察、医生等职业的电影、电视剧比比皆是，尽管带有艺术的夸张性，但可能正是这种夸张，突出了那份职业的核心特征及其所需求的人格特征，让我们对该职业有了更深刻理解。

4. 招聘会

招聘会有两种，一种是大型的面向社会的招聘会，一种是只针对在校毕业生的校园招聘会。毕业生在大四应该勤快地参与各类招聘会，尤其是校园招聘会，以便对求职市场有个清晰了解。而且这种校园的供需见面会一般都是由学校和相关单位联系后在校园举办的，信息的准确性和实用性非常强，因此通过校园招聘会找份工作的现实可行性是显而易见的。

5. 社会关系

社会关系是指毕业生自己及家庭的人际网络，包括亲戚、朋友、同学、老师等一切认识的人。由于每人的社会活动圈子不一，所以通过社会关系获得的职业信息也不能一概而论。但是一般情况下，通过各类社会关系所反馈的职业信息质量是较高且较为可靠的。此外，同学、亲朋好友、老师都是你身边较为关心你，熟悉你的人，他们所提供的职业信息针对性往往也比较强。因此毕业生要做的就是把你需要一份工作的信息向你周围的人传递，通过社会关系网找到一份好的满意的工作，这在中国这个人情社会当中还是比较常见的，毕业生不能忽略这种职业信息获取的渠道。

6. 人才中介服务机构、职业咨询公司

全国县级以上的地方都设有国家设置的人才服务机构，具体包括各级人才交流中心、人才服务中心、各类劳务市场等。这类机构一般适合毕业生获取自己所需的背景信息。

（二）直接信息的获取

1. 生涯人物访谈

生涯人物访谈指的是选择一位正在或曾在某个领域中工作的成功从业人士

(可以是校友)，通过与其沟通，获得该行业的工作内容、典型问题、行业发展、薪水待遇、晋升的途径、能力要求、对生活的影响、个人感受等方面的情况。通过和这些职场人士的交流，可以获得那些在书刊、网络上无法获得的信息。为了在有限的访谈时间内尽可能地获取更多信息，在访谈之前我们必须事先做好准备。首先要了解这个行业的基本信息；其次要了解访谈对象的基本概况。在此基础上把你想问的问题整理出来列成访谈提纲。

2. 实习、见习

实践是最直接也是最有效的方法，通过实践可以了解具体行业和职业中的酸甜苦辣。实习、见习以及参加志愿者活动都是很好的实践方法。通过一段时间亲身参与到工作中去，可以更深入地了解该行业的特性。大学生通过亲自实践可以对工作内环境、上级的管理方式有更为深入的了解。在实习、见习过程中，一方面大学生可以发现在学校学习内容中所欠缺的知识、技能，这样就有时间让自己及早行动，为以后正式的求职做好准备；另一方面如果在实习过程中发现这份工作并不如我们所想象的那么适合自己，也可以及早寻找适合自己个性并符合自己兴趣的工作。

三、社会职业进入途径

在市场经济体制下，大学毕业生进入社会职业、获得工作岗位的途径和渠道只要有市场就业、应聘就业、亲友介绍就业、社会选拔就业、国家分配就业、服义务兵役就业、自谋职业就业、自主创业就业和自然继承就业、毕业生择业，就业基本上都可以归结为是通过人力资源市场进行双向选择和考试录用来实现的。此外，大学生就业的途径还有项目就业、组织部门选调、自主创业、灵活就业、出国就业和出国留学等。

（一）市场应聘就业

就业市场是由人力资源供给、人力资源需求和供需双方的交换三个方面构成的。就业市场是随着我国社会主义市场经济体制的建立和不断完善，而与之相适应逐步建立和发展起来的，通过市场调节作用实现毕业生资源的合理配置已成为毕业生就业的主要方式。目前，大学毕业生择业、就业主要是通过人力资源市场（含毕业生校园就业市场、人才市场、劳动力市场三大市场）应聘实现的。其中，高校毕业生校园就业市场是毕业生求职应聘就业的主渠道，其主要形式是高校和政府主管部门举办的各种类别的招聘活动。

（二）考试录用

考试录用是用人单位招聘毕业生的一种重要方式，同时也是大学毕业生就业的一条重要途径。目前，不仅国家机关考录公务员、事业单位选用工作人员采用考试录用的形式，很多公司、企业等单位在选聘人才时也都开始采取考试的方式。考试包括笔试和面试。笔试主要考核毕业生的文字能力、综合分析能力和知识掌握水平，分为专业知识考试、心理测试、命题写作、综合考试等类型。面试主要了解应试毕业生的素质特征、能力状况、求职动机、形象气质等是否满足特定的岗位需要。

（三）项目就业

近年来，为促进我国经济欠发达地区的经济发展和社会进步，发挥政府的宏观调控作用，促进青年人才的合理流动，同时为了引导和鼓励大学生到基层、到西部、到祖国和人民最需要的地方建功立业，国家和地方政府都制订并实施了一系列基层就业服务项目，如大学生志愿服务西部计划、“三支一扶”计划、大学生志愿服务辽西北计划、各个地方出台的“村官计划”等。这些项目的实施不但促进了大学毕业生的充分就业，而且为他们的成长、成才和事业发展创造了条件。

（四）自主创业

所谓自主创业，是指劳动者主要依靠自己的资本、资源、信息、技术、经验以及其他因素自己创办实业，解决就业问题。自主创业是近年来大学毕业生一种新的就业途径。大学毕业生在毕业后不是向社会“寻求”工作，而是为体现自我价值、减轻社会就业负担，通过科技创新、社会服务或发挥某一方面的特长，利用所学的知识，自己或与他人合作创办公司。这不仅可以解决自身的就业问题，而且也可以为他人创造就业机会。国家和地方政府都在积极支持和鼓励大学生自主创业，现已出台了一系列的扶持政策，为大学毕业生的自主创业创造了条件。大学毕业生作为具有较高学历的特殊群体，不但掌握更为精深的专业知识，而且往往具有较好的综合素质、较强的研究和管理能力和一定的实践经历与经验，创新意识与创新精神也更为突出。这些都决定了大学毕业生具有将科技成果转化为现实生产力的有利条件。如果能够认真分析自身的情况，紧紧抓住全球经济一体化和以信息技术为代表的知识经济带来的大好机遇，开创自己的一番事业，无疑是大学毕业生实现就业和获得发展的一条可行之路。

1. 发展状况

中国第一次自主创业高潮，是在改革开放初期（1978—1985 年）间，以无业人员为主，他们通过前期积累，小商品贸易，成了改革开放的第一批领头人，以南方省市较为集中。中国第二次自主创业高潮是 1990—1996 年，以国家公务人员离职创业为主，以科技等高素质人才为主，即俗称“下海”。这一期间，公务人员工资相对较低，因此各行各业精英纷纷要求以自己的能力获取财富。第三次自主创业高潮是 1999—2005 年，以互联网行业的兴起为标志和受“下岗”潮的影响，互联网技术的兴起与普及，是互联网行业创业的基础，阿里巴巴、百度、搜狐等著名网站都在这一时间创业成功。这一时间创业主体人群有两类，一是网络精英，一是下岗人群。这一阶段明显特征是行业细化，创业手段多样。现阶段，中国已迎来第四次自主创业潮，由于学生过多进入劳动市场而导致就业岗位紧缺，使高校毕业生成为这一阶段自主创业者主体。

2. 创业十原则

要有长期打持久战的心理准备，最好结合自身的专业和优势，整合自身资源，找准项目，大胆尝试，刚开始时要有生活质量和水准暂时下降的心理承受能力。不要被别人意见所左右，切忌人云亦云，左右摇摆，认认真真走自己的路，对外界的风言风语不去理会，别人说三道四自然不用认真，尤其是对那些只说不干的人更不要当回事。商场如战场，经营中战略战术要保密，不否认有些人会通过故意刺激你的方式“逼”你说出相关秘密，这点要十分谨慎。

刚开始时，不要四处张扬指望合作，一切等站稳脚跟后再说。前辈或他人成功的东西可适当借鉴，但不能盲目照搬照抄。别人成功是有其自身天时地利人和特定条件的，不一定适合你，要想办法审时度势，找出最适合自己的一条路来。他人的经历是没办法重复的。要有激情和想象力。前者能鼓励自己时刻保持一种干劲和活力，后者能帮助自己克服在资金、管理、营销等方面遭遇不足和困难时的无奈，并保持希望和梦想。创业者一定要有吃苦耐劳的准备，并要有失败后决不退缩、东山再起、不达目的誓不罢休的斗志。类似于清朝曾国藩与太平军交战时“屡战屡败，屡败屡战”的精神，想当年，史玉柱和巨人集团轰然倒塌，他不得不隐姓埋名，何等落魄和凄凉，可是几年之后，“脑白金”风靡大江南北，让隐藏在背后的史玉柱再次成被为关注的焦点时，人们不得不惊叹创业者的坚忍和执着。

要学会看到你的同伴的优点和不足。面对团队成员的彷徨和犹豫，除了以宽广的胸怀对待外，还要积极储备人才，这在开始时尤其重要。在这个社会上，没有人会随随便便成功，创业如同打仗时冲锋陷阵，有人临阵脱逃，有人一去不返，此时此刻不要叹气，更不要泄气，应着手立即招兵买马，不到最后关头不轻言退却和放弃，只有经过这样的磨炼，经风雨见世面，你才能洗去幼稚和单纯，不断走向成熟和老练，处理起来问题会越发得心应手，应付自如，直至取得最后的胜利。要注意团队同伴，一个团队里要有统一的核心价值理念，注重发挥每个人的特长和作用，记住一个人是不能创业的，就像联想的柳传志、百度的李彦宏，表面看似是个人努力的成功，其实是一个团队在发挥作用。要不断地学习。现在社会发展变化太快，新东西、新名词不断出现，财经资讯、国家政策、互联网，创业者要与时俱进，不断学习新东西，接受新观念新事物。良好的生活习惯和健康的身体是开拓事业的前提和有力保证，即使工作再忙，再没规律，也不能忽视身体。

3. 大学生自主创业优惠政策

（1）注册登记，程序更简化

凡高校毕业生（指毕业后两年内，下同）申请从事个体经营或申办私营企业的，可通过各级工商部门注册大厅“绿色通道”优先注册。其经营范围除国家明令禁止的行业和商品外，一律放开核准经营。对限制性、专项性经营项目，允许其边申请边补办专项审批手续。对在科技园区、高新技术园区、经济技术开发区等经济特区申请设立个私企业的，特事特办，除了涉及须前置审批的项目外，试行“承诺登记制”。申请人提交登记申请书、验资报告等主要登记材料，可先予颁发营业执照，让其在3个月内按规定补齐相关材料。凡申请设立有限责任公司，以高校毕业生的人力资本、智力成果、工业产权、非专利技术等无形资产作为投资的，允许抵充40%的注册资本。

（2）减免各类费用

除国家限制的行业外，工商部门自批准其经营之日起1年内免收其个体工商户登记费（包括注册登记、变更登记、补照费）、个体工商户管理费和各种证书费。对参加个私协会的，免收其1年会员费。对高校毕业生申办高新技术企业（含有限责任公司）的，其注册资本最低限额为10万元，如资金确有困难，允许其分期到位。高校毕业生从事社区服务等活动的，经居委会报所在地工商行政管理机关备案后，1年内免予办理工商注册登记，免收各项工商管理费用。

（3）金融贷款

优先贷款支持、适当发放信用贷款。加大高校毕业生自主创业贷款支持力度，对于能提供有效资产抵（质）押或优质客户担保的，金融机构优先给予信贷支持。对高校毕业生创业贷款，可由高校毕业生为借款主体，担保方可由其家庭或直系亲属家庭成员的稳定收入或有效资产提供相应的联合担保。对于资信良好、还款有保障的，在风险可控的基础上适当发放信用贷款。简化贷款手续。通过简化贷款手续，合理确定授信贷款额度，一定期限内周转使用。利率优惠。对创业贷款给予一定的优惠利率扶持，视贷款风险度不同，在法定贷款利率基础上可适当下浮或少上浮。事实上，大学生创业贷款还较难，难在无法提供有效资产作抵押或质押。已有多家银行开办了针对具有城镇常住户口或有效居留身份，年满 18 周岁自然人的个人创业贷款。此类创业贷款要求个人采用存单质押贷款，或者房产抵押贷款以及担保贷款。

（4）税收缴纳

凡高校毕业生从事个体经营，自工商部门批准其经营之日起 1 年内免交税务登记证工本费。新办的城镇劳动就业服务企业（国家限制的行业除外），当年安置待业人员（指含已办理失业登记的高校毕业生，下同）超过企业从业人员总数 60%的，经主管税务机关批准，可免纳所得税 3 年。劳动就业服务企业免税期满后，当年新安置待业人员占企业原从业人员总数 30%以上的，可减半缴纳所得税 2 年。

（5）企业运营

员工聘请和培训享受减免费用优惠。对大学毕业生自主创办的企业，自工商部门批准其经营之日起 1 年内，可在政府人事、劳动保障行政部门所属的人才中介服务机构和公共职业介绍机构的网站免费查询人才、劳动力供求信息，免费发布招聘广告等；参加政府人事、劳动保障行政部门所属的人才中介服务机构和公共职业介绍机构举办的人才集市或人才、劳务交流活动给予适当减免交费；政府人事部门所属的人才中介服务机构免费为创办企业的大学毕业生、优惠为创办企业的员工提供一次培训、测评服务。人事档案管理免 2 年费用。对自主创业的高校毕业生，政府人事行政部门所属的人才中介服务机构免费为其保管人事档案（包括代办社保、职称、档案工资等有关手续）2 年。社会保险参保有单独渠道。高校毕业生从事自主创业的，可在各级社会保险经办机构设立的个人缴费窗口办理社会保险参保手续。

（五）灵活就业

灵活就业是指在劳动时间、收入报酬、工作场地、保险福利、劳动关系等方面不同于建立在工业化和现代企业制度基础上的传统主流就业方式的各种就业形式的总称。随着社会发展和分工的细化，职业模式日益灵活多样，就业涵盖的领域日趋广泛，既有在劳动标准方面、生产的组织和管理方面以及就业稳定性方面有别于正式职工的各类灵活就业人员，如临时工、季节工、承包工、劳务工、小时工等，又有由于科技和新兴产业的发展、现代企业组织管理和经营方式的变革引起就业方式的变革而产生的非全日制就业、阶段性就业、远程就业、兼职就业，如产品直销员、保险推销员等，还有个体经营和合伙经营者、自雇型就业、律师、作家、自由撰稿人、中介服务工作者等自由职业者和独立服务型就业等。这些职业自由度大，限制少，既满足了社会的需要，又在很大程度上符合大学生的就业需求。

（六）出国深造或到境外企业去工作

随着经济全球化进程的加速和中国加入 WTO，一方面，众多的国外知名企业开始到中国创办企业，抢占市场份额；另一方面，发达国家各大高等学府也纷纷抛出橄榄枝，吸引中国学生，人才的竞争日趋激烈并逐步呈现出国际化的新特点。更多的大学毕业生开始有机会到国外院校继续读书深造，也有为数不多的毕业生选择参与国际人才的竞争，到外资企业或境外企业工作。

第四章　大学生职业生涯决策与行动

第一节　职业生涯决策概述

一、职业生涯决策的概念

职业生涯决策指的是根据各种条件，经过一系列的活动而进行的目标决定，以及为实现目标而制订优选的个人行动方案。总的来说，常见的职业生涯决策有以下三种：第一种，确定无疑的决策，即所有的选择及其结果都非常清楚、明晰。第二种，有一定风险的决策，即每种选择的结果并不能完全确定，但可以在一定程度上知道可能会有什么样的结果。第三种，不确定的决策，即对于有哪些选择，各种选择会产生什么结果，几乎完全不清楚。生活中的大多数决策都属于第二种，也就是说能获得一定的信息，做出某种预测和选择。当我们面临第三种选择时，可以先搜集信息，把它变成第二种决策。

在实际生活中，职业生涯决策的过程不是一个独立的步骤，而是一系列的过程，主要可以分为四个阶段：

第一个阶段：自我探索，包括对自身的职业兴趣、职业性格、职业技能、职业价值观的探索，以达到对自身清晰的自我认知。第二个阶段：职业探索，主要包括对职业信息的了解、生涯发展路径的了解。第三个阶段：资源探索，主要包括对自身可用资源的探索和评估。第四个阶段：科学推理，在前三个阶段的基础上做出可行推理，从而做出正确的决策。

其中，科学推理阶段对大学生来说是最难的。首先，要在众多的选择中找到一个大方向，比如毕业后直接就业、考研、出国等；然后，需要在大方向中筛选出一些更为具体的小目标，比如想就职于哪个行业、哪个单位，想深造于哪所高校等；接下来，权衡不同的选择和小目标从而做出决定，同时接受“决定”“妥协”两个反复的阶段；最后，大学生要能够承担决策的风险，面对未知的压力，对自己的决定负责。

二、职业生涯决策的影响因素

职业生涯决策非常重要，会持续影响大学生未来的职业和发展，更需要注意的是，决策过程对某些大学生来说非常困难。有学者将职业生涯决策困难定义为“当一个人尚未或无法在潜在的职业选项中做出明智决定，以承诺投入特定的教育或职业领域，就被视为职业决策困难”。在一些特定的情况下，职业决策会受到很多因素阻碍和限制，影响大学生进行有效的决策。一般来说，职业生涯决策的影响因素包括个人因素、社会因素和其他因素。大学生对于这些影响因素有的能觉察到，有的不容易意识到，这些影响因素对每个大学生来说影响的程度也是不同的，了解这些因素有助于大学生梳理问题解决思路，做出合理的决策。

（一）个人因素

大学生是职业生涯决策的主体，个人因素起着决定性作用。个人与环境之间的高度复杂性是决策受多方面因素影响的原因，个人对环境以及对自身因素的判断与取舍，限制着个人职业生涯发展的宽度和广度。所以，在职业生涯决策的过程中，最关键的影响因素是个人因素，主要包括个人背景、内在涵养、职业能力和素养、经济需求、心理特征等方面。

1. 个人背景

不同年龄、性别、教育背景的大学生，会经历不同的职业生涯过程，个人背景的差异性会导致决策的不同。

2. 内在涵养

内在涵养是指个人修养、文化素养、道德水平，以及在体育、文艺、美术、音乐等方面的特长或天赋。

3. 职业能力和素养

职业能力和素养是指认知能力、分析能力、表达能力、组织能力、逻辑思维能力、语言能力、社交能力、业务能力、决断能力、解决问题的能力等。知识技能是决策者将信息转化成最终决策结果的关键。有些大学生在决策前已具备很好的自我认识，对自己的各种选择也很了解，但却做出了有偏差的职业决策；也有的同学曾经做了大量职业测试来了解自己的兴趣、天赋等个人特质，却依然做不出决策。这都是因为缺乏决策的必要知识技能。一些决策者常常由于决策经验有限或者对自身的决策能力缺乏自信而做出错误的决定。

4. 经济需求

薪酬决定着大学生的生活水平和事业发展的空间，影响着个人的精神生活和社会成就感，但过分看重起薪可能会错失适合自己的机会，甚至可能给职业生涯的后续发展带来巨大的麻烦。在做职业决策时，应充分考虑自身的经济情况，做出既满足生活所需又有发展空间的选择。

5. 心理特征

心理特征是指在特定时期的心理环境、精神状况和情感因素。心理特征具有明显的不确定性和即时性。从职业心理学的角度来说，职业兴趣、职业性格、职业技能、职业价值观构成了稳定的心理特性和倾向。大学生处于快速成长的阶段，心理状态容易发生较大波动，面对职业决策会感到压力和迷茫，及时调整好个人心理状态是把握好个人的前途和命运的关键因素。例如，大学生在决策过程中因为性格内向而产生抵触情绪，从而产生自卑心理，有可能做出错误或者存在偏差的职业决策。有的大学生还会焦虑、缺乏自我胜任感以及动机冲突等。还有的大学生过高地估计了自己的能力，产生了自傲的情绪。例如，认为自己就应该从事高层管理者的工作，不屑到基层中工作，这种情绪可能使决策结果偏离客观事实，不具有可实现性。

（二）社会因素

不同的社会环境将对大学生的生涯决策产生不同的影响。政治形势、社会价值观、经济、历史、文化环境都能够影响大学生对于决策的制定。同时，行业、用人单位对毕业生的需求、技能要求以及专业在社会中的发展状况等也是影响大学生决策的重要因素。很多大学生在进行决策时，也会考虑地域因素。总的来说，市场化水平和经济增长水平相对较高的区域是大学生职业生涯发展的主要阵地，大学生在做职业决策时，应该结合区域经济的发展状况，选择或制定更加贴近自身状况的发展方案，实现职业生涯良好有序地发展。

（三）其他因素

在影响职业决策的所有因素当中，除了个人因素和社会因素，还有来自家庭方面和其他因素的影响。充分整合影响职业生涯发展的各个因素，有利于提高决策的合理性

1. 家庭因素

家庭因素对大学生的职业生涯决策有着直接的影响，既有积极的影响，也不乏消极的影响，其中主要包括家庭经济状况、家庭价值观和家庭社会关系三个方面的因素。

（1）家庭经济状况

家庭经济状况直接影响着大学生受教育的条件、对人生的态度、对精神生活的追求，对个人兴趣、性格、能力、价值观的形成都有着间接的作用。

(2) 家庭价值观

父母在日常生活中所呈现出来的样子是大学生最先观察到的，大学生父母、亲人的价值观共同决定着家庭对大学生灌输的价值观，在很大程度上决定了大

学生的发展方向。有的大学生学业和发展出现了问题，可能不仅仅是学生本身的问题，也可能是一个家庭的问题。家庭和人际关系面临困境势必会影响职业决策者的决策过程。

有些家长能够客观评价孩子的决策结果并给予一定的指导，鼓励孩子完成职业规划。也有的学生家长根据自己的经验（也可能是对于某种客观事物的偏见）否定孩子的决策结果。例如，一些家长认为做营销策划工作的人要经常出差，与各种商家打交道，不太适合女孩子。甚至有的家长对学生的职业决策进行强制干预，不考虑孩子的兴趣、性格特征，只是按照自己的想法为孩子规划未来，使孩子的潜能不能得到有效发挥。

研究发现，与家庭成员高度融洽的大学生往往在决策中很难保持自己的情绪和心理上的独立。另外，家庭成员之间无法就义务、经济、责任、价值观等达成共识也会使学生的职业决策出现问题。

（3）家庭社会关系

家庭社会关系能为大学生提供相关就业资源和行业相关信息，使决策存在很大的延展空间。因此，需要大学生充分利用家庭资源，增加职业决策的科学性和可行性。

2. 成长环境因素

朋友、同龄群体对大学生的职业生涯决策的影响也是很大的，他们的职业价值观，对待个人发展的态度，思维、语言、行为特点等不可避免地会影响到决策本人对职业的偏好、对某一类职业的选择以及变换职业的可能性等。

3. 个人职业信息匮乏或膨胀

信息是决策的基础条件。在职业决策过程中所需的信息包括决策者的职业价值观、天赋、兴趣、个性等自身条件，还包括决策者所倾向的职业的相关信息，如行业目前的发展形势、对其中具体的工作人员的专业素质和知识结构的要求、如何获得满意的工作岗位、进入该行业需要注意的内容等。如果大学生缺乏信息基础，可能会影响职业决策的有效性。同时在决策过程中还要对职业信息具有一定的甄别能力。“互联网+”时代的信息呈现出过多以及过于复杂的现象，大学生可能因为客观环境的影响而获得了错误的信息，这些信息可能对其职业决策结果产生负面影响。

三、职业生涯决策的原则

（一）兴趣发展原则

兴趣是最好的老师，职业生涯决策的结果要符合大学生本身的喜好。做自己喜欢的工作，能够有效地将兴趣转化为动力，最终成为事业发展的长久动力。但在做决策时，并非所有的决定都与兴趣有关，有的大学生对所学的专业或从事的工作并不感兴趣，但如果计划以此为职业，就应该尽快发展和培养职业兴趣，从学习工作中找到乐趣。

（二）能力胜任原则

在职业生涯决策过程中不仅要找到感兴趣的工作，更要找到擅长的工作。从事任何职业都要具备对应的职业技能，以便满足职业岗位的需要，同时也会让人有成就感。所以大学生在做职业生涯决策时，要对自己已经具备或即将具备的能力有所了解，根据自己的能力来判断是否能够胜任这个职业。

（三）利益整合原则

大学生进行职业生涯决策的目的是找到发展方向作为生活的依靠，满足自己的物质和精神方面的需求，获得幸福感。所以，职业回报、行业发展状况、生涯路径会使得大学生在职业生涯规划的全周期中展现收益的最大化。在进行生涯决策时，要考虑各方面利益的整合，如能否满足个人的物质需求和精神需求，职业发展前景怎么样，社会地位怎么样，个人的成就感如何，个人要付出的努力和代价是什么，最终这是一个整合的过程，来保障自己的利益最大化。

第二节 职业生涯科学决策

我们的人生充满了决策，从每天的穿着、吃喝，到高考时的志愿、毕业时的择业等，有的非常简单，只要稍加思考，就能很快做出决策；有的需要花费一定的时间去考虑，但结果并不会对个人产生深远的影响；而有的却必须慎之又慎，结果可能关系到一个人的未来和前途。

正如著名文学家柳青所说，“人生的道路虽然漫长，但紧要处常常只有几步，特别是当人年轻的时候。”相比日常的衣食住行，你的职业生涯决策就显得十分关键，它会决定你今后整个人生的走向。

职业生涯决策是个较为复杂的过程，最早起源于英国经济学家凯恩斯（Keynes）的理论。职业生涯决策指的是一个人在面临职业生涯发展方向问题时，如何谨慎地思考、仔细地分析和研究各项资料，客观地评价、预测每一种选择可能带来的利与弊，并最终确定的历程。

一、职业生涯科学决策的分类

职业生涯规划按照时间的长短来分类，可分为人生规划、长期规划、中期规划与短期规划四种类型。人生规划：时间长达40年，设定整个人生的发展目标。如规划创业成为一个有数亿资产的公司董事等。

长期规划：主要设定较长远的目标。如规划30岁时创业成为一家公司的经理或规划40岁时成为一家大型公司副总经理等。

中期规划：一般为2~5年内目标与任务。如规划到不同业务部门做经理，规划从大型公司部门经理到小公司做经理等。

短期规划：2年以内的规划，主要是确定近期目标、规划近期完成的任务。如对专业知识的学习，2年内掌握哪些业务知识等。

一个人的职业生涯是一个很长的过程，所以应有一个整体的职业生涯规划，但个人职业生涯规划是一个笼统的概念，很难具体实施。所以我们需要把整个人生职业生涯规划分成几个长期的规划，长期的规划再分成几个中期的规划，中期的规划再分成几个短期规划，一步一步来实施。

职业决策会受到各方面因素的影响，而个人的决策类型作为一种主观因素，对职业决策的结果影响很大。有着不同决策风格的人，就算在客观条件相同的情况下，也会有不同的判断和决定。所以，了解我们自己的职业决策类型是很有必要的。

二、职业生涯科学决策的要素

职业决策的过程涉及复杂的个性心理和各种各样的行为，面对的情境也不相同，通过分析现有的各种决策理论、类型和模式，我们发现目的、选择、结果和评价这四个要素是每一个决策都不可缺少的。

（1）目的，即决策者的决策动机和所要达到的职业目标期望。

（2）选择，即决策者可能做出的若干行为选择、决策策略或模式、类型。

（3）结果，即每一个选择的可能结果。

（4）评价，即对各个结果的价值评估。

在进行职业决策时，通常用PLACE指标来梳理决策内容，它们分别是以下英文单词的首字母：

“P”：指职位或职务（position），包括该职位的经常性任务、所需要担负的责任、工作层次等。

“L”：指工作地点（location），包括地理位置、环境状况、城市或乡村、室内或户外、工作地点的变化、安全性等。

“A”：指升迁状况（advancement），包括工作的升迁通道、升迁速度、工作保障等。

“C”：指雇用情形（condition of employment），包括薪水、福利、进修机会、

工作时间、休假情形及特殊雇用规定等。

“E”：指雇用条件（entry requirements），包括所需要的教育程度、证书、训练、经验、能力、人格特征等条件。

三、职业生涯决策的步骤

职业生涯发展是一个持续不断的过程，即一个不断选择、不断发展的过程，因此，职业生涯决策也同样是一个不断循环的过程。在这个过程中有一些固定的步骤和技术。

第一步：根据自己暂定的生涯目标，探索不同的可行方案（一般的备选方案要大于或等于3个，不然便失去了比较、选择的意义）。

第二步：比较不同方案所得结果的优劣、得失。

第三步：根据对结果的价值评估进行选择。

第四步：接受现实的考验。

第五步：评估实施结果并进行相应的调整和最后的决定。

在这些步骤中，如何科学、正确地对各种方案的结果进行价值评估是最关键也是最难完成的一步，下面介绍几种科学的评估、决策方法，帮助我们正确地分析自己职业生涯的选择方案，并最终确立自己的职业生涯目标和路径。在这里，我们也可以通过七个是否来看看决策质量的高低。

（1）是否使用一系列的方法（6种及以上）来找出多种可能的职业选择（15个及以上）？

（2）是否已经仔细探索和研究了缩减后列表上的职业选择（10个或更多），包括它们所体现的价值观以及它们所要求的技能？

（3）是否对每种职业的正面或负面后果进行了仔细考虑和衡量？

（4）是否广泛收集了新的信息来帮助自己评价和衡量各种职业选择？

（5）是否实事求是地将职业选择的新信息或专家意见考虑在内，哪怕这些信息或意见并不支持你所倾向的职业？

(6) 在最后决定之前，你是否重新审视了职业的正面和负面后果，包括那些你认为自己恐怕不能接受的职业？

(7) 是否已有详细的计划来实施自己的首要职业选择（比如获得必要的教育）？是否还有另外的计划，在你首选职业涉及的风险太大时能否用一个新的职业目标来代替它？

当然，我们也可以对照下，职业决策的十种非理性信念中，你占有多少。

有关职业的非理性期待：世界上仅有一种最适合我的职业。除非我能找到最佳的职业，否则我不会感到满意。

有关生涯咨询及测验的非理性期待：总有某位专家或比我懂得更多的人，可以为我找到最好的职业。也许有某项测验可以明确指出我最优越的特质。

有关自我的非理性期待：在我选择要从事的工作领域中，我必须要成为专家或领导者。我无法从事任何与我本身能力、专长不适合的工作。我所选择的职业也应该让我的家人、亲友感到满意。从事某个职业，有助于我克服许多个人特质上的问题。

有关决定历程的非理性期待：我会凭直觉找到最适合我的职业。一旦决定某个职业，就不能再改变心意。职业生涯决策要有完整的步骤、科学操作，同时，还需要检视自己的限制性信念所带来的局限。

四、职业生涯科学决策的理论模型

从研究取向来看，职业生涯决策模型可以分为标准化职业生涯决策模型、描述性职业生涯决策模型和规范性职业生涯决策模型三种。标准化职业生涯决策模型明确说明如何做出理性选择；描述性职业生涯决策模型描述并解释在现实生活中人们如何从实际选项中来做出选择；规范性职业生涯决策模型勾勒出做出更好的决策可能包括的步骤，并承认个体做出的决策按照标准化决策模型来说可能不是最好的。

（一）标准化职业生涯决策模型

标准化决策理论又称经典决策理论，该类型理论认为决策者能够加工所有相关信息，能够做出完全理性的选择，在选择时遵循着效用最大化原则。

1. Gelatt 模式

Gelatt 模式特别强调资料的重要性，它将个人处理资料的策略分成三个系统：预测系统，预测不同的选择可能会造成的结果，及估算出每个行动可能造成该结果的概率，作为该采取哪个行动方案的参考。价值系统，个人对于各种可能的行动喜好的程度。决策系统，评判各种行动方案的标准，其选择的取向分为：期望取向，选择可能达成自己最想要的结果之方案；安全取向，选择最安全、最保险的方案；逃避取向，避免选择可能造成最不好结果的方案；综合取向，选择需要而又最可能成功、不会产生坏结果的方案。

Gelatt 模式提出了职业生涯决策的五个步骤，第一步：确定决策的目的或目标。第二步：搜集与目的或目标有关的信息，同时调查所有可能的方案。第三步：对搜集的信息进行预测，估计可能的选择结果以及结果出现的概率。第四步：根据价值系统，评价结果是否满足需要。第五步：根据可能的结果及结果的价值，按照一定的标准进行决策。决策有终极性决策或调查性决策两种。终极性决策是指与目的或目标一致或相关的决策；调查性决策是指还需要进一步考察的决策。调查性决策最后将导致终极性决策。预测系统和价值系统的内容比决策标准更容易观察到，而且远不如决策标准复杂，所以，提高信息服务将会增加决策的可能性。

2. Krumboltz 社会学习论

克朗伯兹（Krumboltz）及其同事吸取经典决策理论和班杜拉的社会学习理论的精华，提出了职业生涯决策的社会学习理论。职业生涯决策的社会学习理论指出，职业选择过程受到四类因素的影响：遗传天赋和特殊能力（如内在素质、身体障碍、音乐和艺术的能力等）；环境条件与事件（如劳动法规、技术进步、社会机构变化、家庭资源)；学习的经验（如各种工具性学习、行为和认知反应、观察学习等)；任务完成技能（如设定目标、工作习惯、情绪反应方式等)。

克朗伯兹于1977年提出了帮助他人进行职业生涯决策的七个步骤模式。

第一步：界定问题，厘清自己的需求及时间或个人限制，并制订出明确的目标。第二步：拟定行动计划，思考可能达成目标的行动方案，并规划达成目标的流程。第三步：澄清价值，界定个人的选择标准，作为评量各项方案的依据。第四步：找出可能的选择，搜集资料，找出可能的方法。第五步：评价各种可能的选择，依据自己的标准来评价各种可能的选择。第六步：有系统地删除不合适的方案，挑选最合适的选择。第七步：开始执行行动方案。

（二）描述性职业生涯决策模型

描述性职业生涯决策理论是用来描述或解释个体如何从实际生活的职业选项中进行决策的，主要有以下几种代表性的研究。

1. Tiedeman 的决策历程

泰特曼（Tiedeman）将整个职业决策过程分为两个阶段，七个步骤。①预期阶段（anticipation)，主要任务是做出职业决策，包括四个步骤。第一步：试探（exploration)，考虑不同选择方向及可能目标。第二步：具体化（crystallization)，经过对各种选择方向或目标优缺点的斟酌，情况逐渐清楚。第三步：选择（choice)，选定一个能解除目前困扰的目标。第四步：明确化（clarification)，再审视、修正与调整准备要行动的目标。

2. 实践与适应阶段

主要任务是对前一阶段决策的实践和检验，包括三个步骤。第一步：入门（introduction)，开始执行自己的选择，也是新经验的开始，在新的环境中，争取他人的接纳。第二步：转化（reformation)，调整步伐与心态，肯定在新环境中的角色，全力以赴；第三步：整合（integration)，个人的信念与集体的信念达到平衡与妥协。

（三）职业生涯决策风格

1968 年，丁克里奇（Dinklage）通过访谈研究确定了成人进行职业生涯决策时所采用的策略和决策类型，并将个体的教育、职业和个人决策时所采用的风格分为以下 8 类：冲动型，冲动地选择第一个能够得到的选项。宿命型，直到机会到来时才做决策。顺从型，遵从他人对决策的指导。延迟型，直到最后一刻才进行决策。烦恼型，过度搜集信息，使用信息时又过度担心。计划型，使用标准化决策模型所推荐的理性策略。直觉型，因为“感觉到是对的”而进行决策，但不能说明原因。瘫痪型，接受进行决策的责任，但是感觉过于焦虑而不能对决策的确定进行有建设性的工作。

（四）规范性职业生涯决策模型

规范性职业生涯决策模型是在试图弥补标准化职业生涯决策模型和描述性职业生涯决策模型不足的基础上发展起来的，比较有代表性的理论模型是认知信息加工理论。该理论采取规范性观点，规定并提出了个体思考职业生涯决策的几种方式，这些方式将改善个体职业生涯决策的能力。

五、职业生涯决策方法

（一）SWOT 分析法

SWOT 分析法，也称态势分析法，20 世纪 80 年代初由美国旧金山大学的管理学教授韦里克（Weihrich）提出，经常被用于评估组织的战略规划、内部能力和外部可能性以及三者之间的关联性、适应性和有效性。由于该方法把企业所面对的内部与外部因素综合起来进行考虑，使得分析更全面有效且富有针对性。在使用 SWOT 分析方法时，要注意其核心思想，即有效的战略源于企业内部资源和外部环境的相互匹配。

SWOT 中，S 代表 strength（优势），W 代表 weakness（弱势），O 代表 opportunity（机会），T 代表 threat（威胁），其中，S、W 是内部因素，O、T 是外部因素。按照企业竞争战略的完整概念，战略应是一个企业能够做的（即组织的强项和弱项）和可能做的（即环境的机会和威胁）之间的有机组合。

（二）决策平衡单法

当我们面临多种选择时，每种选择对我们都会产生不同的影响，决策平衡单把这些选择可能产生的影响放到统一的框架中进行分析，引导个体认真思考每种选择对自身和他人造成的精神和物质方面的得失，并按照重要性给每个因素赋予权重，之后对每个选项给出分数。

使用决策平衡单进行生涯决策的具体步骤如下：列出你潜在的 3~5 个职业选项，排列在决策平衡单的顶部。判断各个职业选项的利弊得失，集中于自我物质方面的得失、他人物质方面的得失、个人精神方面的得失，他人精神方面的得失四个方面进行评估。自我物质方面的得失，包括收入、升迁机会、工作稳定性、工作环境的安全、休闲时间、对健康的影响、就业机会、足够的社会资源等。他人（父母、师长、配偶等）物质方面的得失，包括家庭经济、家庭地位、与家人相处的时间等。个人精神方面的得失，包括兴趣的满足、能力的满足、价值观的满足、生活方式的改变、成就感、自我实现的程度、挑战性等。他人（父母、师长、配偶等）精神方面的得失，包括成就感、自豪感、依赖等。

第三节　确定职业目标与行动开展

有自我生涯规划的人会有清晰的发展目标，每个人的人生不仅与收入有关，还与自己的生涯规划发展有关。有目标的人才能抗拒短期的诱惑，有目标的人才会坚定地朝着自己的方向前进，有目标的人才会感觉充实。

一、职业发展目标的确定

通过对自我和生涯机会的评估，认识自己并分析环境，在此基础上对自己的职业做出选择。在选择职业时，要充分考虑到自身的特点（即自己的性格、兴趣和特长），还要充分考虑到环境因素对自己的影响。对这些因素的分析，是职业选择的前提条件。分析自我、了解自己，分析环境、了解职业世界，使自己的性格、兴趣、特长与职业吻合。这一点对刚步入社会、初选职业的大学生非常重要。

确定了职业生涯目标后，还需考虑向哪一条路线发展，即考虑自己是走行政管理路线向行政方面发展，还是走专业技术路线向业务方面发展等。发展路线不同，对其要求也就不同，这一点也不能忽视。因为，即使同一职业，也有不同的岗位，有的人适合做行政，可以在管理方面大显身手，成为一名卓越的管理人才；有的人适合做研究，可以在某一领域有所突破，成为一名知名的专家学者；有的人适合做经营，可以在商海大战里屡建功勋，成为一名经营人才。如果一个人不具备管理才能，却选择了行政管理路线，这个人就难以成就事业。由此可见，职业生涯路线的选择，也是职业生涯发展能否成功的重要步骤之一。

传统的职业生涯路线规划注重纵向流动，现在要求职业生涯路线规划描述各种流动的可能性，反映工作内容、组织需要的变化，详细说明职业生涯路线的每一职位的学历、工作经历、技能和知识。很多大学生不知道自己喜欢什么，不喜欢什么；不知道自己想做什么，不想做什么；不知道自己能做什么，不能做什么。目标缺失是我们不可忽视的事实。有一个明确和适合自己的职业目标对大学生很重要。在校学生应该及早设计自己的职业生涯，明确自己的职业目标，尽可能多地接触和学习职场规则，充分了解自身的性格特点与素质优势，才有可能在将来激烈的就业竞争中把握住机会成功就业。没有正确的方向，再大的本领也是没用的；再多的努力也是没有效果的。

（一）确定职业生涯发展目标的方法

职业生涯目标简称职业目标，其确立是生涯规划的起点和核心。在确定职业目标之前，大家首先要明确什么是职业目标。职业目标是你在职业上的追求、期望，比如人力资源总监是一个职业目标，而人力资源方面的工作并不是职业目标，而只是一个职业发展方向。确定职业目标有五种方法，用五个词来归纳就是理论、想象、情境、实践和榜样。

1. 理论

指在浏览众多职业后，根据自己的想法树立一个职业目标。一个很简单的操作就是去一些大的招聘网站，看看那里所招聘的职位都有什么，一定要具体了解职位，在查看了职位描述和职位工作内容之后就可以初步确定目标了。此种方式只是在理论上确定了，其树立的目标并不一定是你想要的，所以还需要进行大量阅读职位信息、将职位与自身对照等工作。

2. 想象

指以自己在生活中对所接触、听闻的职业的不完全了解来确定一个职业目标，虽然具有很大的随意性和局限性，但也是一种让你有一个职业目标的方法。

3. 情境

指在参加具体的职业活动、行业活动、社会活动中所形成的职业目标。在现实活动中，人们可能会因为自己的某种启发或感受等，确定一个职业目标。大学生可以多去参加各种活动，以增加见识和阅历，从而有助于确定职业目标。

4. 实践

指自己在实习、实践中真实地体验到职业之后的感想，因为喜欢、感悟等来确定一个职业目标。在采用实践的方法来帮助确定职业目标时，切记要实实在在地做事、认真工作。

5. 榜样

指在确定职业目标时，可了解一些在该职业上取得成就的人物，通过他们的故事以及成长经历来激励自己，想象未来的自己在所从事的职业方面会取得同他们一样的成就，甚至超越他们。

（二）职业生涯规划的重点内容

美国斯温（Swain）认为：一个规范的职业生涯规划，应该包括三个重点，分别为个人特质的澄清与了解、教育与职业资料的提供和个人与环境关系的协调。这三个方面在生涯规划中同等重要。

1. 个人特质的澄清与了解

涉及个人的需要、兴趣、能力倾向以及价值观念等。了解自己，是职业选择或生涯规划的最基本要求。这些特质，可以通过对生涯的探索活动、自我评定或心理测验等进行了解。“人贵有自知之明”，这实际上说明了自我认识的重要性。这种“自知之明”实际上就是自我剖析，又叫自我评估，就是通过准确、客观地分析自己的兴趣、性格、需求、特长、技能、学识、情商、智商、行动、经历、社会关系等个人的各方面特点，对自己有一个客观、全面、深入的认识和了解。一般说来，这是准确选择职业目标的基础。在个人职业生涯规划中起着基础性的核心作用。大学生职业生涯规划只有建立在客观、全面、深入的自我剖析，对自己的科学鉴定和综合分析基础上，才具有可行性、针对性和持续性，才能帮助大学生更好地选择职业目标和道路，更有效地到达职业目标。

2. 教育与职业资料的提供

缺乏对职业世界的了解而想做好职业选择，是不切实际的。个人的职业认定常受到原有印象的影响，如性别、学历等，也有的职业或专业的名称也许只是一字之差，但其内容、性质或发展却相差很多，因而正确资料的提供，是职业目标决定的重要依据。

3. 个人与环境关系的协调

影响职业规划的环境因素，大多是社会文化与机会因素。这些因素通常是个人无法掌握或控制的，比如家庭或他人的重要意见、社会重大事件的影响，或经济是否景气等。既然不可能做到改变环境来适应人的需求，那么就要求人具备良好的环境适应能力，主动协调与环境的关系，使其保持和谐一致。

（三）制定实现生涯目标的策略

职业生涯策略是指实践职业生涯路线、实现职业目标所采取的各种方法、措施和行动步骤等，是个人职业发展的重要环节之一。制订职业生涯策略就是要考虑和确定个人该如何做，如何做得更好，如何以恰当的方式方法有效地发展职业生涯，实现职业目标的过程。具体、明确、可行的职业生涯策略是实现职业目标的重要保证。由于职业目标的设定指的是个体形成长短期职业目标的过程，需要通过对个人特征的分析和内外环境的分析，一方面认识自己，另一方面了解内外环境中的职业发展机会，从而根据自身的特点和环境条件为自己选择职业目标。

通常可将职业目标分为短期目标、中期目标、长期目标。短期目标又分为日目标、周目标、月目标、年目标。短期目标一般为1~3年，中期目标一般为3~5年，长期目标一般为5~10年。确定职业目标应从一生的发展着手，然后分别确定十年目标，五年、三年、一年目标，再确定一月、一周、一日的目标。在确定职业目标后，行动便成了关键的环节。没有达到目标的行动，就不能达到目标，也就谈不上事业成功。这里所指的行动，是指落实目标的具体措施，主要包括工作、训练、教育、构建人际关系网、谋求晋升等方面的措施。比如，为达到目标，在工作方面，如何提高自己的工作效率；在业务素质方面，提高自己的业务能力；在潜能开发方面，采取什么样的措施开发自己的潜能等。这些都要有具体的计划与明确的措施，并且这些计划尽量量化，以便于自己定时检查。

二、设计职业生涯发展阶梯目标

（一）职业生涯发展阶梯的含义

职业生涯阶梯简称职业阶梯，又被称为职业通道或职业路径。职业阶梯是组织中人员职业晋升和职业发展的路线，是个人实现职业理想、获得满意工作、达到职业生涯目标的路径。职业阶梯包含职业阶梯宽度、职业阶梯速度、职业阶梯高度三个要素。职业阶梯宽度指员工可晋升的部门或职位的范围，它决定了晋升员工应具备的知识、技能和经验的宽度；职业阶梯速度指员工晋升所需时间的长短，它决定了员工晋升的快慢（如正常晋升和破格晋升）；职业阶梯高度指员工晋升空间的层级多少，它对员工的发展和潜能的发挥具有很大影响。

传统的职业阶梯理论是纵向的单阶梯，即员工的职业发展主要是由低层级的职位逐渐向较高的管理层升迁。其最大优点是清晰明确、直线向前，员工知道自己向前发展的特定工作职位序列。但这种单一的“自本位”通道有一些不足之处，比如在这种职业通道中，专业技术人员经常会与管理人员竞争，造成专业技术人员由于组织职业通道设计过窄，缺乏发展机会。这种状况会随着组织结构的扁平化进一步显现和恶化，即使专业技术人员脱离专业发展道路，又使组织面临因专业技术人员缺乏领导才能而导致组织绩效下降的风险，同时专业技术人员专业技能还会闲置和浪费。为了克服传统职业生涯阶梯的缺点，双职业阶梯、横向职业阶梯和网状职业阶梯模式变革应运而生。

1. 双职业阶梯

双职业阶梯是为了给专业技术人员提供与管理职位平等的地位、报酬和更多发展机会而设计的。它形成两条平行的职业生涯路径，一条是管理职业阶梯，一条是技术职业阶梯。管理人员沿管理阶梯的提升意味着员工有更多的决策权力，同时承担更多的责任；技术人员沿技术阶梯的提升意味着员工拥有更强的独立性和更多从事专业活动的资源。在两条路径的平行层级结构中，相同级别的人员具有同样的地位、报酬和奖励，这就使得走技术阶梯的员工能与管理人员享有平等的发展机会和发展层级。同时，这种双阶梯机制允许技术人员自行决定其职业发展方向，他们可以沿着技术阶梯发展，也可以转入管理阶梯发展。

2. 横向职业阶梯

横向职业阶梯是指组织通过采用跨职能、跨部门的横向调动和工作轮换的方式，使员工的工作富有多样性，从而增加员工职业工作的趣味，满足丰富自我、完善自我的内在性需求。横向职业生涯阶梯进一步打破了传统职业阶梯对员工行为和技能要求的限制和约束，实现了员工在组织内更加自由流动，同时焕发员工新的活力，增加跨职能领域经验和技能，提高职业的胜任力、适应性。

3. 网状职业阶梯

网状职业阶梯是纵向发展的工作序列和横向发展机会的综合交叉，它更现实地描绘了员工在组织中的发展机会，减少了职业通道堵塞的可能性。

（二）大学生设计自身职业发展阶梯的路径

相对于生涯目标的确定，大学生设计自身的职业发展阶梯有着一些特殊性。这种特殊性主要表现在以下几个方面：大学生尚处于真正职业的前段，主要考虑的问题是根据实际环境和自身的特点选择一个职业的方向。因此，他们所选择的职业发展阶梯更多的是一个设想—尝试—反馈修正的过程，因为条件的限制，他们缺乏对职业发展阶梯的真正理性认识。由于大学生是在做职业阶梯雏形阶段，因此不能轻率地决定自身的职业生涯阶梯类型，只能看作是选择初始的生涯类型。因为大学生生涯成熟度还比较低，一般认为在这个阶段，职业发展阶梯对于大学生来说，应该是尽己所能，利用一切资源去寻找适合自身的生涯发展阶梯类型。

（三）善用身边的资源，设计适合自己的职业发展阶梯

大学生设计职业发展阶梯，实际上是在大学期间树立自己的职业阶梯雏形。

因此，善于利用身边的各种资源至关重要。就大学生实际情况而言，这种资源可从教育培训、工作实习和家人朋友等人脉关系中加以吸取。

1. 教育培训

一般说来，职业生涯目标除了与本人的职业兴趣密切相关之外，最重要的基础就是教育培训，就大学生而言，专业学习的状况是首先要考虑的。特别是众多的工科专业的专业性和职业针对性比较强，如果具有强烈的专业兴趣，那么往往预示着可以以此作为职业发展阶梯的基础。其次是课外自己选择接受的培训和第二专业等，这些知识往往是学生斟酌以后自行选择的，对学生本人的知识面和知识的质量起着补充的作用。实践表明，很多人在职业发展目标的选取上考虑了自己的课外培训情况，甚至在很多情况下“喧宾夺主”，成为日后所从事职业的发展根源。比如，外语专业的同学第二专业学习的是外贸，在毕业以后，因为对此行业感兴趣，并且知识储备比较好，他完全有可能进入外贸行业工作。值得注意的是，目前存在两种倾向，一种是很多同学盲目地根据市场的所谓热点来选择自己的课外培训安排，比如考证热的泛滥就是这种情况的反映。第二种情况是眼睛只盯着自己的专业，不考虑未来的职业发展对知识的全面要求，以致在求职中毫无优势，随波逐流。

2. 工作实习

大学生在设计职业生涯发展阶梯中通常所面临的劣势和不足就是缺少实际工作经验。事实上，虽然大学生在校期间的主要任务是课程的学习，但很多同学由于有清晰的职业规划，在业余时间就积极进行了兼职实习工作。由于实习可以实地进行工作的考察和体验，往往可以帮助学生在实习中和实习后根据自己的感性认识对原有的职业生涯规划进行调整，使自己的职业发展阶梯更加贴近实际，从而可在职业发展阶梯的初期就打好坚实的基础。另外，因为实习可以实地接触职业人士，他们的职业发展阶梯模式对于实习大学生调整自身的职业发展阶梯模式也起着标杆的作用，而这一点是在校园内无论如何也做不到的。

3. 人脉关系

人脉关系对于个人的职业生涯发展是非常重要的。因而，我们要学会善于利用家人、师长、朋友的帮助，包括就业信息、生涯建议等。如果从最终的结果对教育培训、工作实习和人脉关系进行排序，往往人脉关系起着令人意想不到的作用。根据上海市某校对应届毕业生的调查，学生直接利用人脉关系找到工作的有28%。通过调查也发现，由于大学生的年龄特点，对于家人朋友的建议的接受度是最大的，所以家人朋友的劝诫对于大学生的职业生涯影响是非常大的。

大学生在设计职业发展阶梯时，要特别注意对上述资源的利用。机遇偏爱有准备的头脑，而对资源的准备直接关系到职业生涯设计的质量和成败。

第四节　大学生生涯规划管理及调适

一、大学生生涯规划管理与调控的注意事项

（一）管理好自身除个性以外的资源

1. 学校、专业、求学地区

对于大学生特别是大一新生来说，学校、专业、求学地区代表着很多东西。因为生涯成熟度的关系，大多数同学选择的学校与专业、求学地区并非都是本人的直接选择。而大一学生也往往或清晰或朦胧地认识到这些和未来的职业方向、地域等有着密切的联系，因此，如何正确对待这些问题很重要。

不同学校、不同专业和求学地域，未来的就业方向会非常不同，就业的机会也不一样。同时，考虑到放弃自己专业的机会成本，以及很多学校对于换学校、换专业等限制，同学们基本上会留在原来的学校和坚持原来的专业方向。所以，在制订生涯目标计划方面，不同的学校和专业存在差异是理所当然的。

比如，学校所开设的课程可能影响目标计划。开设理性和操作性较强的课程，有可能引导学生更早、更理性地开展自己的职业生涯规划活动；开设感性的、比较基础但缺乏实际操作性的课程，可能会使学生趋向于注重对当前的领悟而不是对将来的规划。学校所在的城市可能也会对目标计划和人际关系产生影响。不同的城市就业氛围不一样，有的城市很容易找到工作，有的城市比较困难，有的城市中的工作比较理想，有的城市中的工作不尽如人意等。这种差异还可能和学校的校园风气有关。有的学校注重“踏踏实实，埋头苦干”，有的学校则更加注重“积累人际资源”。另外，需求特别指出的是，大学排行榜对于同学生涯规划的影响也比较大。此外，教师资源、硬件设施、学生素质、职业规划辅导方面的力量等方面的差别，也会对学生的职业生涯规划产生较大影响。

总的说来，大学生要做到踏实努力，认真学好专业。要认识到自己专业学习的质量才是个人真正职业竞争力的一个源泉，“寒门”也能出“高士”，将学校、专业、地域等的“比较”置于理性的基础上；认识到生涯规划的多维度，不把学校、专业、地域等作为唯一的指标，应该立足于长远发展，尽快、尽早进行能力、知识上短板的弥补和针对性训练；将自己的生涯目标合理化。不进行盲目的攀比，在个人素质特别是心理层面上要下大力气提升，以争得“相对优势”，赢得胜利。

2. 性别与“身份”

在就业的性别上，确实在很大程度上能反映目前我国在就业问题上存在的性别差异。实际上，性别对每个人的生活都有重要的影响，舒伯更指出性别是职业生涯成熟的重要决定因素。有学者研究表明，以中学生为对象直到大学阶段，男性生涯成熟度优于女性。实际上，在日常生活中我们可以看到，性别与生涯规划中的目标计划有着很紧密的联系。一般认为，男性在这方面比较擅长，这可能说明男性更能主动地设立目标并考虑制订计划。

针对这种情况，我们在管理自身的生涯规划时，要正确认识性别的意义以及差异。特别要做到：认识性别差异，对于目前存在的“男女有别”的现象要有理性的认识，不能一概摒弃；发挥性别优势，寻找自身性别在职业上耦合度比较高的职业种类并早做规划和训练；克服封建思想，真正建立男女平等的思想，对于男外女内甚至男尊女卑的封建思想要坚决摒弃。

另外，大一学生因为年龄和成长经历的关系，对于“身份”问题也是非常关注的。一般说来，在校园里锻炼能力，最好的方式也许就是当学生干部了。当学生干部能普遍得到用人单位的欢迎，在校园招聘中屡屡成为用人单位面试中的关注重点。当学生干部为找工作准备了一块有力的敲门砖，使得“当过学生干部的人好找工作”似乎也成了大家都认可的规律。这可能是因为学生干部的人际交往能力显著高于普通大学生，同时学生干部也往往更加注意职业探索、自我认识、目标计划、人际关系、自我提升和反馈修正。但实际上，可能是因为学生干部实践锻炼的机会比较多，就业机会相对来说比较多，对职业生涯规划有时候不够重视，导致部分学生干部并没有比较科学的职业规划。针对这种情况，特别是大一新生要注意以下几点：积极要求进步，努力成为学生干部，虚心向学生干部学习，把这种经历作为锻炼自己能力的重要手段。不迷信学生干部的“威力”。实际上学生干部仅仅意味着一种临时的身份，而且这种身份是完全为学生服务的。不能说所有学生干部的能力都强于普通学生，特别在职业规划方面更是如此。摒弃功利思想，不能仅仅将学生干部作为加重求职砝码的“身份”。

（二）合理利用社会人际关系

从理论上分析，为了达到某一目标，有依靠自己和寻求他人帮助两种途径。中国人的社会人际关系按照亲疏程度分成三类：即家人关系、熟人关系及生人关系。家人关系指父母、子女、兄弟、姐妹及其他家人之间的关系；熟人指亲戚、朋友、邻居、师生、同事、同学及同乡之间的关系；生人指与自己无任何直接或间接的持久性社会关系的人。合理利用社会人际关系确实可以说是全社会的共识，但是对于大学生来说，因为他们的生活内容比较单纯，社会人际关系的作用一般也局限在一定范围内，因此大学生一方面积极合理利用社会人际关系，有着善待他人的意识；另一方面要克服功利思想，纯化人际关系，真诚待人；其次，还要注意克服狭隘的小团体意识，多交朋友，特别是锻炼自己与不同类型的人群交往的能力。

（三）把握家庭情况与自身生涯规划之间的平衡

我们在进行职业规划的过程中都注意到，个人的生涯规划还需要考虑到自己身边各个方面的情况，其中家庭对每个人都具有重大意义，也会给职业生活带来许多影响。家庭对于每个人生活的重要性是不言而喻的，因此，生涯规划与家庭平衡对于我们实行科学的生涯管理和调控是非常重要的。具体来说，职业—家庭平衡计划的主要措施包括两个方面，前者是学校或者用人单位，后者是大学生本身。

在这方面，虽然对于大学生而言，很多问题尚是设想中的问题，职业—家庭平衡计划从本质上来说是针对职业人的，但作为未来的职业人，大学生在制订这项计划的时候要有一定的前瞻性，要充分考虑到自己的职业决策在相当长的时间内会对家庭生活产生的影响，多听取家人（如父母等）的意见，这对今后的职业生涯发展是非常重要的。从某种角度来说，这体现了大学生作为成年人应尽的责任。而且，大学生从家庭与生涯规划的平衡方面来思考生涯规划问题，才会更全面地判断自己行为的价值，才会在个人特征与职业的匹配中寻找到第三种力量，如果能够尽最大努力实现三者之间的平衡，在某种程度上才可以说是一个理想的职业选择。

就大一学生而言，在思考未来的生涯规划和调整自己的生涯规划的时候，要充分地考虑到未来职业选择对于家庭的意义，要根据自己的实际情况科学合理地进行职业选择，要在与家人充分沟通的基础上对家庭在职业选择中的权重有适当的认识，最终在两者之间达到充分的平衡。总而言之，职业不仅仅是个人的事情，也不仅仅是兴趣决定的事情，而是需要综合考虑各方面因素的。

二、大学生职业生涯规划的心理调适

生涯规划关系到一生的规划设计，影响重大。在漫长的求职、入职和其他人生阶段中，内心波动难免。

（一）大学生求职过程中常见的心理问题

1. 焦虑心理

就业时许多大学生既希望谋求到理想的职业，又担心被用人单位拒之门外，还担心自己在择业上的失误会造成终身遗憾，对未来的职业生活感到心中无底。因此在就业过程中出现焦虑心理，主要表现为焦急、紧张、恐惧、不安、忧虑及某些生理反应。轻度的焦虑是正常的，适度的焦虑可以使人产生一种压力，增强积极向上、主动参与竞争的能力。过度的焦虑则造成人精神上的烦躁不安、忧心忡忡、紧张不宁、意志消沉，行为上反应迟钝、手忙脚乱、无所适从等。

2. 依赖心理

接受了大学教育的高校毕业生，他们的一些行为、言谈都表现出要求个性独立，不愿为父母所左右，如谈恋爱、交友、择业等。但许多毕业生在求职过程中仍过分依赖于自己亲人、朋友，尤其是父母。这些人不是积极主动、千方百计地“推销”自己，而是一味地等着家人、亲戚、朋友给自己找路子，或者坐等学校帮忙落实单位，这样便会失去许多就业机会。

3. 自卑心理

在竞争激烈的求职场上，一些求职者可能因为自己知识、技能、身高、长相、家庭背景等不如他人，往往产生强烈的自卑感，进而转化为自卑心理。毕业生在求职过程中的自卑心理往往表现为面对竞争对手，总认为自己不如别人，对自己缺乏自信，过分地退缩等方面。

4. 自负心理

有些毕业生因为就读学校为名牌大学，或因所在的系别在本校最有名气，或因自己的家庭背景优越，或因自己在某一方面有比较突出的才华，而在内心深处产生一种鄙视一切、高人一等的自负心理。在这种心理支配下，往往表现出对自己估价过高，对单位挑三拣四，导致与不少用人单位失之交臂，结果是错过机遇，难以落实就业。

5. 攀比心理

很多毕业生在选择单位时，不考虑自己的主客观条件，不深入了解单位发展情况，而是盲目与身边同学攀比，表现为攀比工作地域或地点、攀比收入和待遇、攀比工作单位和行业、攀比工作和生活环境等。由于这些心理因素的影响，毕业生要么暂不就业，等待好单位来临；要么朝三暮四，频频跳槽，这些现象近年来表现得越来越严重。

6. 从众心理

毕业生对用人单位没有理性分析，而是盲目认为只要单位给予的报酬多，所处的地理环境优越，条件较好就行。特别是在招聘会上，看到应聘的人多，就跟着去应聘，表现得非常盲目。在从众心理影响下，毕业生求职时没有很好地对自己兴趣、爱好、特长进行分析，不管自己是否适合这样的工作岗位，不管所谋职位是否有利于自己的发展，随大流找一个单位，到最后要么毁约，要么出现把就业的压力转变为从业的压力。

7. 嫉妒心理

大学生因自身综合素质和能力不足，或因时机把握不准而找不到理想工作，见其他同学找的工作比自己的好，心理产生不平衡，怨天尤人，抱怨自己没有关系，没有背景，抱怨自己所学专业不好等。特别是看到在校期间不如自己优秀的同学找到比较理想的工作时，产生了嫉妒心理；甚至有些人为不让同学超过自己，而采取背后拆台等不良手段。当身边的同学求职成功就说风凉话，讽刺挖苦，造谣中伤。嫉妒心理会使人把朋友当对头，导致朋友关系恶化，甚至会使班级人心涣散，人际关系紧张，本人也会增加内心痛苦和烦恼，影响求职的顺利进行。

（二）心理调适的基础

大学生在进行职业生涯管理中应注重情绪管理，积极进行心理调适。

1. 争取做到客观、准确自我认识

（1）可以通过自我剖析认识自己

要经常对自己的心理、行为进行剖析，使自我评价逐步接近客观实际。自负者要经常做自我批评，通过不懈努力，弥补自身不足；自卑者要看到自己的长处，增强自信心。

（2）可以通过比较来认识自己

有比较才有鉴别，事实上，人们往往是通过与别人的比较来认识自己的。一是与同学比较来认识自己，不仅比学习成绩，更应注重比实际操作能力。通过比较，可以认识自己的长处和不足，认清自己在相比较的人群中所处的位置，以便扬长避短。二是通过别人对自己的态度来认识自己，当然，别人的态度不一定能全面评价一个人，但大多数人的态度总是能说明某些问题的。如果一个人自我评价与他获得的各种比较基本一致，说明自我认识比较客观，如果不一致，说明缺乏自知之明。

（3）可以通过咨询和心理测验来了解自己

可以向就业指导教师、心理咨询师和辅导员咨询或测验，也可以征求同学、家长和熟悉自己的人的意见。长期学习、生活在一起的人对自己的言行看在眼里，印象很深，对自己的评价会更公正、更客观。毕业生在就业过程中要了解自己的个性心理，明确自己的专业发展方向。不仅要知道自己喜欢什么样的工作、需要什么样的职业，还要知道自己目前的能力能做什么样的工作，什么样的工作更适合自己。只有了解自己的优势所在，了解自己能力的大小、自己的能力在哪方面表现得更突出之后才有助于求职的成功，并保证在今后的工作中做到扬长避短，取得较大的成就。

2. 培养自信心

（1）要相信自己的能力

每个人都有相当大的潜在能力。当一个人面临求职，忧心忡忡、担心失败的时候，多半不是真的不行。自己条件可能并不过硬，但别人也不见得比你强。每个人都有自己的优势，都有可能在求职竞争中占据主动地位。

（2）要积累自信的资本

自信要有扎实的基础、良好的素质作资本，以雄厚的实力作后盾。如果具备了真才实学，自然就会对自己的选择充满信心。

（3）提高承受挫折的能力

用挫折鞭策自己，古今中外多少仁人志士，哪一个不是从坎坷与挫折中走过来的。一时受挫并不说明永远失败，挫折是一种鞭策，它对失败者并不是淘汰和鄙视，相反能促使失败者振作起来。面对挫折，正确的态度应该是具有面对失败的不屈性，勇对挫折，智对挫折，成为战胜挫折的强者，把挫折看作是锻炼意志、提高能力的机会。

（4）调整期望值

期望值是指要获取的工作岗位在物质上、精神上需要满足的程度，如工资收入、福利待遇如何，能力抱负、特长能否得以施展等。能否就业，个人的才能、机遇等因素固然重要，但求职期望值的高低也将起一定作用。求职期望值过高，其结果不是因超越现实而败北，就是侥幸就业后因自身能力不足，无法胜任工作需要而处于被动。在求职的过程中遭受挫折，应放下包袱，从主观、客观两方面仔细寻找失败的原因，实事求是地剖析自己的长处和不足，通过别的途径来达到目标，或者降低就业起点，只要持之以恒，就一定会实现自己的理想。

3. 具体的调适方法

（1）克服盲目从众心理的方法

在现实生活中，事业有成者通常都有很强的独立思维能力，他们能独具慧眼发现一般人不能发现的问题，能捕捉到更多的成才机遇。在毕业生求职问题上，从众心理表现在愿意到城市、事业单位去工作，不太愿意到基层、乡镇去工作。其实，到大城市、事业单位工作并不一定是每个毕业生最佳的选择。应从社会需要、自身条件以及以后发展等方面考虑自己的职业，科学地选择自己的求职道路。

(2) 克服盲目攀比心理的方法

在求职过程中，这山望着那山高，见异思迁，过多地把注意力集中在他人的就业取向上，自己的既定目标受到他人的干扰，这无异于逼着自己与他人共走独木桥，很难成功。因此，一旦选准职业后就不要与他人盲目攀比。

(3) 克服自卑与自负心理的方法

有的同学总觉得求职人群中高手如林，条件比自己优越的比比皆是，于是自甘落后，听天由命，形成了自卑心理。要摆脱自卑心理应注意三点：首先，要善于发掘自己的长处，要相信别人能做的事，自己经过努力也能做到；其次，要大胆地表现自己，多做一些力所能及的事，任何成功都会增强自信心；再次，要不断完善自己，勤能补拙，知道自己某方面不足，通过勤奋努力，也可以填补这方面的缺陷。在市场经济条件下，只有鼓起勇气积极地参加求职竞争，才有出路。有的毕业生对自己估计过高，自以为高人一等，非常傲慢，对用人单位横挑鼻子竖挑眼，最终一事无成导致失败。这类同学应重新认识自己，降低求职的期望值。

(4) 克服贪图虚荣心理的方法

虚荣心强的人，求职时往往把注意力集中到大城市，社会知名度高、经济效益好的单位。这类同学在求职中失败，往往是由于不从发挥自己的优势出发，不考虑自身的竞争力，不顾及自己的专业、特长、爱好，他们求职的目的是让别人羡慕，而不是为自己寻找用武之地。

(5) 克服嫉妒心理的方法

发现比自己某些方面略胜一筹的人时，应当注意采取积极的态度，变嫉妒羡慕为动力，奋起直追。通过不懈努力，缩小差距。克服嫉妒心理，主要靠加强自我修养，提高道德水平，其中最重要的是做到两点：一是真诚待人；二是学会互助互爱。如果察觉到自己有嫉妒心，就要通过自我意识的控制、调节，及时把这种不良意识排除在自我人格之外。

（6）克服消极依赖心理的方法

作为大学生应该意识到现实社会是一个激烈竞争的社会，是一个需要自己积极参与的社会。充分认识到自己是求职的主体，要发挥自身的积极主动性，树立起强烈的主体意识。

除了上述方法之外，我们还可以建立个性化的心理调适方法。比如松弛法、转移法、自我宣泄法、自我安慰法等方法来排除不良心理情绪。对大学生来说，在就业过程中出现一些不良的心理倾向是正常的，只要能正确对待，有效地调适和引导，不断完善自身的心理素质，树立正确的就业观念，始终保持积极向上的精神状态和良好的心态，就能在求职中有效克服不良心理影响，实现就业目标。

第五章 大学生职业生涯适应与发展

第一节 就业初期的职业适应

毕业生参加工作，从学校步入社会，其身份即由学生角色转变为职业角色。社会对不同的角色会有不同的要求与期望，例如人们对一个医学院的学生同对一个正规医生的期望就显然不同。

一、就业初期职业适应不良的体现

大学生离开校园、初到就业岗位，面对新的人群、新的环境、新的任务，总会有不适应的现象。这期间的职业适应不良主要体现在以下几个方面：

（一）角色转换缓慢，依恋学生角色

大学毕业生在走上工作岗位后，易出现怀旧心态，常常会自觉或不自觉地将自己置于学生角色来要求自己和对待工作，以学生角色的习惯方式观察事物、分析事物。面对与同事、领导等较为复杂的人际关系及职业责任的压力，不禁会留恋相对单纯的学生时代。

（二）工作消极被动，缺乏自觉性与独立性

大学生一旦离开学校走向社会，就要承担起成人的职业角色，但成人的自觉性和独立性还没养成，工作上全靠领导安排，领导安排多少干多少，对自己

的工作性质、范围、程度、相互关系还没有足够的认识。因此在履行角色义务、掌握支配角色权利的尺度、遵守角色规范方面还存在一定的差距，而别人已不再用学生的眼光来看待他，而是按能独立承担职业义务的标准来要求他。

（三）轻视实践，眼高手低

有些毕业生常以文凭、学位或毕业于名校而自居。自以为接受了正规教育，已经学到了不少知识，是个人才，因此轻视实践，放不下架子，只想做高层次的工作，看不起基层工作和基层工作人员，甚至认为一个堂堂的大学毕业生干一些不起眼的事是大材小用，有失身份。实际上是眼高手低，大事做不了，小事又不做。

（四）自卑退缩，不思进取

有些毕业生面对新的工作环境和生疏的人际关系，缺乏应有的自信，工作中放不开手脚，特别是在知识分子密集的工作单位，看到别人工作经验丰富，驾轻就熟，相比之下觉得自己这也不行，那也不行，胆小、畏缩。不思进取，甘居人后，产生不求有功但求无过的消极心理，这不利于聪明才智的正常发挥。

（五）心态浮躁，缺乏敬业精神

一些毕业生在角色转换的过程中表现出不踏实、不稳定的特征。一段时间想干这项工作，过一段时间又想干那项工作，而对本职工作坚持不下去，不能深入地了解本职工作的性质、职责范围和工作技巧。

二、试用期的职业适应

很多单位对新员工都有三个月甚至更长的试用期，在试用期结束后用人单位会对新员工的工作业绩进行评估，从而决定是否正式录用。为此，新员工需要从一开始就养成正确的工作习惯，这些习惯不但会帮助他们度过最初的试用期，而且会让他们在整个职业生涯中受益。具体来说，新职员需要注意以下事项：

（一）给人留下良好的第一印象

就像与人交往和面试的时候一样，第一印象是很重要的。例如，穿着要得体，不要太新潮。提早出发，以免迟到。无论是对上司还是对接待员，对每个人都要友好。办事要有条不紊。用一本记事簿或者个人备忘录随时记录想法、人名、电话号码、E-mail 地址以及其他需要记住的重要事情。实际上，你可以把任何可能忘记的事都写到记事簿上。如果你不熟悉公司的电脑和电话系统而又需要在工作中使用它们，就把基本的操作步骤写下来。这会让你避免很多尴尬，也会节省你今后的时间。

此外，为了给上司留下良好的印象，一个较好的方法就是做一些引人注目的事。当然，必须是些引人注目的好事，而不是坏事。好事通常是那种能提高公司盈余的事。任何有助于节省公司开支或者增加公司收入的建议都可能大受欣赏，比如提高工作效率的具体建议。这里的诀窍在于不要显得自己什么都知道，或者给人留下自作聪明的印象，你应该让人觉得你是一个心里时时刻刻为公司利益（而不是个人利益）着想的员工。

特别值得注意的是，不要做招人厌恶的事，也不要给自己的新同事找麻烦。充满工作热情是好的，太执着就过分了。在和上司谈话的时候趁机提一个建议会让他觉得你挺能干。相反，在电梯上拽住总裁对公司的缺点提出一大堆批评意见，是不会对你的职业前途有什么好处的。还有，现在就越过自己的直接上司向上提建议还为时过早。你应该耐心等待，了解公司的文化，然后再行动，因为目前很可能还没有其他人想到你这个削减开支的绝妙主意。你完全可以小心地查探一番，确定没有人想到这个点子，那么可以放心，明天他们也不会突然想出这个点子的。

（二）尽快熟悉自己的工作

要了解自己的新工作，难免要花一些时间。但是如果让别人看出来你完全摸不着头绪，只能增加自己在试用期结束以后被请出门去的可能性。熟悉工作的方法之一是将自己的工作内容想象成一部电影的主要故事素材，看自己能否在一分钟之内把这个素材讲给一家电影公司的老板？这个练习是要帮助你在心中厘清自己工作的主要内容。在了解自己具体工作职责的同时，找到自己在整个公司发展中的位置也是很重要的。你的工作是如何影响公司的整体效益的呢？另一个让自己熟悉新公司的办法是阅读公司的年度报告。这份报告应该总结公司上一年的贸易情况，哪里的生意比较好，哪里的生意不怎么样，总裁或者CEO 对公司的今后发展如何预测，还有一些公司财政收支的具体情况。

（三）尽快融入新的集体

不能很快融入新的集体是大学生不能顺利度过试用期的一个非常重要的原因。所以，要想不提前出局，你就必须采取行动，和同事建立良好的合作关系。这不是说要你对别人过分地热情或者不停地和人家套近乎。你只要把他们当成普通人，对他们感兴趣就行了。在最初的几天，打开话题的最好方法是请别人帮忙。这样做完全没有问题。只要你让别人帮你做的不是那些你本职工作必需的主要技术性事务，求人帮忙并不会让人觉得你能力低下。让别人指导自己如何适应一个全新的环境并熟悉其中的规则是再自然不过的了，这同时也可能让你结交新的朋友。

另外一个和别人尽快建立关系的诀窍就是记住他们的名字。在聚会中总会有那么一个人记得你的名字，尽管你们以前只匆匆见过一面。你会怎样看那个人呢？当然是印象不错了。你之所以可能会对他印象不错是因为他对你也印象不错，或者至少你倾向于认为他对你印象不错，因为他能记住你的名字。当然，他可能根本不把你当回事，而且一点儿都不了解你，但是他确实知道记住名字的重要性。如果你不擅长记住别人的名字，那么不妨用笔把它们记下来。试试这一个方法：当你被介绍与别人相互认识的时候，你就大声重复他们的名字。同时，尽量记住一些他们的外表特征，比如领带的颜色或者眼镜的样式。那么以后，当你回想第一次见面的时候，你就有可能会想起他们的名字。

（四）将自己的声誉当成品牌来经营

响亮的名声能让你变得十分出众和引人注目。声誉的建立不仅需要过人的能力，还需要良好的品质。在我们的社会，某些品质能带给人良好的名誉，比如诚实、可靠、正直。不过要注意，不同的行业和不同的工作对于能带来良好声誉的品质的需求是不同的。小心谨慎可能对特技替身演员很重要，而对销售经理却并非必需。一旦确定了，那么你就必须保持这些品质，坚持实践这些价值观。也就是说，你要有一贯性和稳定性。如果你的声誉来自你的诚实、可靠，那么就要小心，不要失掉这些品质。哪怕你只撒一个谎，只辜负一个人，或者只有一次没有按期完成工作，你花了几个月的时间建立的声誉也会被毁于一旦。一贯良好的作风、优秀的品质再加上不变的高水准的工作会让你在自己所在的职业领域享有盛名。那么，就像人们说的那样，一人未到，美名先行。到那时，你就不必再为了推销自己磨破嘴皮子，因为别人的口舌早就为你代劳了。你再也不用踏破别人的门槛，因为他们会主动提着灯笼找上门来。

建立品牌不仅仅是企业的事。20世纪90年代，管理大师汤姆·彼得在《稳固的企业》这本书里写了一篇文章，奉劝个人也要向企业学习，建立自己的品牌战略。就像彼得提出的大多数绝好的建议一样，这个建议也没错。企业通常会花一大笔钱建立和发展自己的品牌战略。他们向大学教授、研究人员、业内人士和评论家征求不同的意见，取其精华，制定出有效、可行的企业品牌战略。我们怎么知道这种战略是有效的呢？因为这个社会上几乎没有人完全不和品牌沾边。无论是跑鞋上的一个图案，轿车上的一个徽章，还是衬衫口袋上的一个标志，几乎所有人都要和品牌打交道。彼得论证说，在现代的职场世界，我们每个人都是自己公司的CEO，我们自己的CEO，我们的“一个人的单位”的CEO。所以，既然索尼公司可以为自己的游戏站、随身听或者其他电子产品制造声势，为什么一个人就不能为自己造一点声势呢？这样，投入的预算也小得多。

确定你自己的品牌，要从寻找自己与众不同的特质开始。问问你自己：我和我旁边的人到底有什么不同？让我与其他人不同的最主要的性格、特征、特质是什么？企业在打造品牌的时候通常会采用“特色—实惠”的模式。某种商品或某种服务的每一种特色都能给消费者带来一种可以确认的实惠。我做的哪些事可以让自己增值？我过去做过哪些事可以带来提升我的个人品牌的无形资产？这样做可以让你更加了解自己的个人品牌的价值。接下来你就该推广自己的品牌了。当今社会，羞怯和谦虚是得不到奖励的。彼得尤其建议大家要把个人品牌“推广到姥姥家”。就像企业一样，要想保持品牌的知名度就必须保持高水平的曝光率。建立人际关系网，找人推荐，在单位参加或者主持会议都是增加曝光率的方法。不过，必须要记住，曝光率也容易带来潜在的麻烦。一些企业已经知道品牌形象是多么容易被破坏，为此他们付出了昂贵的“学费”。想打造自己的个人品牌的人就必须保持高度的警惕性。你的言行必须始终符合自己的品牌定位。

就像大多数市场营销活动那样，在打造个人品牌的时候有一个包装风格问题。人们对品牌评价的时候是要考虑到品牌的外形的。毕竟，品牌的作用就是要让产品在消费者心目中占有一席之地。就个人品牌而言，可信性和能力是必不可少的素质。一些影响最大的品牌都是通过与消费者的不断接触来巩固自己的地位的。同样，最有影响的个人品牌也应该是让别人都想与之来往的。在实践当中这就意味着，一个人必须有别人需要的东西。能力、人际关系、好公司，都是很有价值的。问问自己：“为什么别人想和我交往呢？”估计你找到答案没有花费太多的时间。幽默、智慧、魅力，不论你的答案是什么，继续培养这种特质吧。如果你能够有效地推销自己，就能创造更好的声誉。

彼得把个人与品牌联系起来的观点也许让你觉得有点浮躁和草率，但事实就是如此。彼得的观点是很准确的。在未来的职业世界里，成功人士将是那些能够创造出个人品牌的人，甚至现在就如此了。有多少次我们会听说，某位成功人士特别有领导气质，有人格魅力，是某一特殊领域的专家，并且特别有亲和力。不管是有心还是无意，这些人都成功地打造出了自己的个人品牌，都建立了良好的个人声誉。那么，为什么那些想效仿他们的就不能刻意地创造出自己的个人品牌呢？品牌的威力可不仅仅局限于饮料、摩托车、早餐麦片和包装软糖。就像彼得说的那样："很简单，你是一个品牌。你管理着自己的品牌。"

（五）其他注意事项

不要偷懒和推脱职责。上班时不要打私人电话和使用 E-mail 聊天或发私人信件，因为上班时一心两用是最让人烦心的。所以在你站稳脚跟之前，如果你的工作都做完了，可以要求增加工作任务。少承诺，多做活儿，在生活和工作中都是至理名言。起点要适合你的长期发展。如果你在承诺时低调一些，当你做出超乎预料的成绩，人们会欣然接受。如果你夸下海口，答应给别人"一个世界"，而最后只给了别人"两个大洲"，那么他们会失望的。明确自己的工作职责，弄清楚老板对你的期待是什么。

对自己的工作成绩保持客观、清醒的态度。跟同事们询问比较一下，看自己的表现是不是符合要求。不要只满足于自己分内的工作，干活比别人多的人更容易被老板注意。对工作要热情，主动承担分外的职责时要记住不要招人厌。接受额外的项目，这样做不但能为职场冒险家增加宝贵的工作经验，还可以大大提高他受到提升的可能性。与大家打成一片。有时候你很可能不想去吃工作午餐，不愿参加办公室聚会或者其他一些促进人际交往的活动。但是，要想不冒犯别人，你一定要参加这些活动。否则，你很有可能被人当成外人，听不到很多有用的闲谈。

三、创立阶段的职业适应

个体在其职业生活中通常要经历四个显著的职业阶段：创立阶段、提高阶段、保持阶段和退出阶段。在创立职业阶段，个体刚刚进入某一组织，可能要立刻面临一些挑战。首先，新雇员必须学会掌握至少可胜任一些工作任务的技能，并且对一些工作任务的必要性能够做出相应的判断。同时，新雇员必须学会适应社会化生活，掌握如何通过正式或非正式的交流渠道来完成工作的技能。最后，新雇员必须完成好那些经理们密切关注的业务，以作为将来潜在的提升机会资力和标志。

员工们需要时间来对现实的工作、组织需要的定位以及与高级管理人员建立有效的工作关系等做出调整。成功地完成日常工作，能够迅速地被赋予更富有挑战性的工作。如果新员工能够成功地通过这一阶段，他们常常能够达到其事业目标。

成功的人需要富有挑战性的工作；认定自己是积极有效的；与高级管理者建立了顾问指导关系；渴望工作的跃进式发展以达到个人的事业目标；了解组织的报酬体系。在创立阶段，成功职员的特点：想要很快地被提拔；成功地表现自己；暗示现有的工作不具备挑战性；已被指导他们的高级管理人员所关注；拥有一个体贴入微、积极支持的经理；渴望并且愿意在组织机构间流动，以获得更富有挑战性的工作、经验和到高层管理的可预见性；了解组织内有关报酬奖励（包括薪水、加薪和提升）是如何获得的。

第二节　角色转换与角色认知

一、角色转换概述

从学校到社会，从大学生到职业人，角色转换的成功与否，将直接影响着大学生事业的成功与失败。大学毕业生应尽快完成从学生角色到职业角色的转变，正确面对社会，处理好工作与人际关系上的诸多矛盾，克服各种心理障碍，培养良好的适应能力，尽快适应环境，迈出成功的第一步。

（一）角色转换的概念

角色是人们社会地位的外在表现。社会地位是人们在社会关系中所处的位置，人的社会关系是多方面的，因而人的社会地位也是多方面的。一般来说，我们是通过一个人所扮演的社会角色来认识他的社会地位的。任何一种社会角色总是与一系列的行为模式相联系：首先是一系列的权利，即这种角色有权要求别人进行某种活动；其次是一系列义务，即别人有权要求这种角色在进行某种活动时表现出某种行为。各种角色无不具有特殊的权利与义务。长期的社会生活使各种角色形成了一整套各具特色的行为模式，这就要求承担特定角色的人学会特定的待人处世方法，否则人们就会认为他没有很好地完成这一角色。由于社会角色总是与一定的行为模式相联系，如医生要救死扶伤，教师要为人师表，干部要办事公正、不谋私利等。这样，当人们知道某人处在某种地位时，就预先期望他具备一套与此地位相一致的行为模式。社会角色的这一特点具有重要意义，它使我们仅仅通过对一些抽象角色的想象，就能对社会上纷繁复杂的人群有个大致的了解。

在社会中，角色不是孤立存在的，而是与其他角色联系在一起的。任何一个人都不可能仅仅承担某一个社会角色，而总是承担着多种社会角色。这些角色是根据个体在不同时间、不同场合、不同环境占据着不同的社会位置，履行着不同的社会义务，遵循着不同的社会规范而确定的。例如，一名大学生，在学校对于教师而言是学生，在家里对父母来讲是子女，在社会上对商店来讲是顾客等。一个人总是集多种角色于一身，与他人产生交往与互动，并由此参与社会生活。但是，由于学生主体的主要任务是读书学习，因此他在社会中扮演的主要角色便是学生。

个体在社会中所扮演的主要角色并不是固定不变的，往往会发生多次的角色转换。角色转换就是在社会关系中个体地位的动态描述。人的社会任务和职业生涯不断变化，角色也随之变化，从一个角色进入另一个角色，这个过程称为角色转换。社会角色由角色权利、角色义务、角色规范三要素组成，角色转换也就是这三要素的转换。

（二）角色转换的意义

根据社会心理学的角色理论，大学毕业生从学生角色到职业角色的转换，必然伴随着角色冲突、角色学习和角色协调等一系列过程。因此，大学生在毕业前夕，应该对择业素质、自我评价、职业能力等进行深入细致的了解和调查分析，对自身合理定位，找出不足，提高心理承受能力，加强角色认知，做好上岗前的各项准备，顺利地实现角色转换。

1. 有利于大学生根据职业素质要求完善自身知识结构，确立择业目标

有些大学生考入大学后，完成了既定目标便忽略了职业目标的设计与规划，丧失学习的主动性和目标性；还有相当一部分大学生在临近择业时，一味地奔波于多个企业之间求职，寻求理想的就业单位，即注重择业的结果，而忽视平时的就业准备，即择业的基础。通过角色认知，有助于大学生强化“学业是择业的基础和前提”的意识，要想在就业竞争中获胜，就必须努力提高竞争的“实力”。因此，角色转换可以指导大学生勤奋学习，全面提高自身综合素质，

注重各种能力的培养和提高。如今，学校校园中所出现的“考驾照热”“计算机热”“辅修课热”“英语考级热”等，都是大学生为适应角色转变、实现人生理想所做出的积极努力。

2. 有利于大学生尽快适应职业生活

完成大学学业，走上工作岗位，依靠自身的职业劳动维持生存，实现人生价值，这是大学毕业生人生征途上的一个重大转折。在这个人生转折过程中，谁能够主动、尽快地从学生角色进入职业角色，实现角色转变，谁就能够在事业发展之初掌握首先发展权。目前，在大学毕业生最后一个学期，毕业实习、就业实习、工作实习三者并重，毕业生要合理规划，争取在这个学期就尽快进入职业适应期，提前完成角色转变。

3. 有利于大学生在激烈的人才竞争中脱颖而出

21世纪经济领域的竞争归根结底是科技的竞争、人才的竞争，谁拥有高科技和高级人才谁就将在激烈的竞争中立于不败之地。大学毕业生作为高校培养的高级人才是用人单位争夺的焦点，但作为高等教育大众化阶段的毕业生，面临着人才市场的竞争加剧、用人单位在选择大学毕业生空间和自由度非常大的压力，竞争是无情的，适者生存、优胜劣汰是不以人的意志为转移的客观规律。大学生初次进入从业大军中必然面临着来自各方面的挑战和竞争，只有尽快进入职业角色，熟悉业务，才能在激烈的人才竞争中稳操胜券，脱颖而出。

4. 可以为将来的成才和创业夯实基础

从学生角色到职业角色的转变，实质上是从继承知识和储备知识向创造性地运用知识和创造知识的转变过程。一个企业发展的关键在于技术创新，而人才的本质特征就是创造性或创新性。能否主动、较快、顺利地实现角色转变，通过创新性劳动创造经济效益和社会效益，反映出毕业生的素质和能力的高低。以积极的态度，主动适应岗位需要，投身于职业实践之中，不断积累知识和经验，调整和完善自身的知识和能力结构，将会为自己将来成才和创业打下扎实的基础。

（三）角色转换的两个阶段

大学毕业生从学生角色到职业角色的转换过程大致可分为毕业前夕和试用期两个阶段，每个阶段有不同的要求和任务，伴随着不同的角色冲突。不过，可以通过角色协调使得角色冲突尽可能地降至最低限度。协调新旧角色冲突的有效方法是角色学习，即通过观念培训，以提高角色的扮演能力，使角色得以成功转换。

1. 毕业前夕的角色转换

根据国家教育部的规定，每年 11 月 20 日开始，用人单位就可以进入高校开始应届毕业生招聘活动，一直到第二年 7 月毕业生离校，前后共有半年多的时间，毕业生可以用来做好择业前准备、应聘、面试、笔试、工作实习等工作。因此，从开始择业到毕业离校这段时间，是有针对性地学习知识、培养能力进而转换角色的最佳时期，是转换角色的重要阶段。在这段时间内，除了按照学校正常教学计划完成课程的学习、实习实践和毕业论文外，要提前做好角色转换的准备工作。

（1）通过成功择业了解职业角色的内涵

毕业生积极做好择业基础准备、系统地接受就业指导、全面地了解社会需求、合理地确定自我职业定位、勇于参与市场竞争，通过与用人单位“双向选择”的过程，可以加强对用人单位的了解，进而通过签订就业协议书来确定自己的角色。毕业生在与用人单位接触的过程中，能够比较全面地了解到用人单位的基本情况，结合自身的综合情况，不断调整职业期望值，实事求是地确定自己未来的职业。这是从学生角色向职业角色转变的第一步，这为大学生的职业角色确定了一个基调，对角色的转换将产生深远的影响。

（2）通过实习预先进入职业角色

在大学生毕业前最后一个学期，根据学校的教学、实践安排，已成功择业的毕业生要主动地将毕业实习、就业实习融入工作实习中，提前进入职业角色，有效地促进角色转变的进程。

2. 试用期内的角色转换

大学生参加工作后马上进入试用期，之后转为劳动合同期，有人形象地将试用期称为“磨合期”。初到工作岗位，生活和学习环境与大学相比，都有很大的区别。高校里学习和生活条件比较优越，空闲时间和自由支配的时间较多，节奏也比较缓和，压力较小；而每一个职业岗位都有具体的岗位规范和要求，每一个从业者要强制性接受，并按照其要求严格履行岗位职责，实现具体的工作目标，节奏快、压力大，有些工作岗位环境还相当艰苦。从大学学习环境到职业环境的变化，往往会加剧角色冲突，为此，大学毕业生应该加强试用期内的角色学习，使角色转换顺利实现。

二、学生角色与职业角色的区别

从大学毕业生到职业者，其间完成变化的时间虽然不长，但是角色性质的变化非常大，甚至可以说是生涯的转折。学生角色与职业角色的区别体现在：

（一）社会责任不同

1. 学生角色

大学生在校期间的主要任务是学好科学文化知识，掌握为人民服务的本领，使自己德、智、体全面发展。大学生是以学习、探索为主要任务。整个角色过程是一个受教育、储备知识、锻炼能力的过程。学生角色履行得如何，主要与知识掌握的多少和能力培养的程度有关。

2. 职业角色

以特定的身份去履行自己的职责，依靠自己的本领或技能去为社会和他人服务，完成某项工作，通过对工作对象的履行情况来体现。作为职业人必须适应社会，服从领导和管理，适应上级的管理风格，在工作中犯了错误，必须承担成本和风险责任及相应的社会责任。职业责任履行得如何，不仅影响个人声誉，还会影响到单位和行业的声誉。

（二）社会规范不同

1. 学生角色

主要反映在国家制订的《大学生行为准则》和各学校制订的《大学生手册》之中，告诉学生怎样做人、如何发展等。因为学生是受教育者，所以在违反角色规范时，主要还是以教育帮助为主。

2. 职业角色

对职业角色的规范因职业的不同而不同，相较于学生角色而言更严格，违背了就要承担一定的责任，甚至法律责任。

（三）社会权利不同

1. 学生角色

学生的主要活动是学习，因此，学生角色强调对知识的输入、吸收与接纳，对知识的输出和运用强调较少，当毕业生参加工作后，如果不能及时有效地转变活动方式，将所学知识应用、输出和创造性地发挥，则会感到工作难以适应。

2. 职业角色

依法行使职权，开展工作，运用自己的知识和能力，向外界提供自己的劳动，即运用和输出、应用与创造性地发挥自己的知识和才能，向外界提供专业的服务。要求结合实际创造性地发挥水平，并在履行义务的同时取得报酬。

（四）面对的环境不同

1. 学生角色

寝室—教室—图书馆—食堂，四点一线简单而安静的生活方式，单纯而简单的校园文化气氛，学习时间可弹性安排，少许逃课没人管你，有较长的节假休息日，教学大纲提供了清晰的学习目标，学术上可师生讨论甚至争论；规定的时间完成布置的作业或工作即可。

2. 职业角色

面临的社会环境是快速的生活节奏、紧张的工作和加班，在单位里，规定上下班时间，不能迟到早退，经常加班加点，节假日很少，工作任务急又重；老板通常对讨论不感兴趣，多数老板比较独断；待职工不一定很公平；一切以经济利益为导向；要完成上司或老板交给的具体而又实在的工作任务等。

（五）对独立性与自我管理的要求不同

1. 学生角色

学校的生活是一种集体生活，实行统一的作息制度，对学生提出统一的行为规范，学生违反了纪律要受到惩罚，因此许多学生对学校管理形成了依赖心理。此外，学生在校的生活来源主要依赖家庭支持。

2. 职业角色

单位只在工作时间对员工提出要求，其他时间主要由员工自行支配，没有统一严格的方式来管理约束。经济开始独立，家庭和社会期望毕业生不仅在经济上独立，而且在心理及其他方面也能独立。因此，职业角色对毕业生的独立性与自我管理能力提出了更高的要求。

（六）人际关系不同

1. 学生角色

学生的主要任务是掌握科学文化知识，提高自身的素质和能力，这主要取决于学生本身，竞争只是促进学习的手段，并未从根本上影响学生的利益，因此学生的人际关系是比较简单的。

2. 职业角色

成为职业人员后，竞争是不可避免的，竞争的胜败直接关系到利益的分配，由此决定了职业人员间的关系是相对复杂的。

三、角色转换的原则

角色转换具有周期长、过程艰苦的特点，需要边学习、边适应、边调整，坚持不懈地努力，自觉加快角色转换的速度。在角色转换的过程中需要注意以下几点原则：

（一）强化职业角色意识，培养职业兴趣

生活在社会中的人，都扮演着不同的社会角色，这个社会角色具体规范了个人行为。对于刚刚走上工作岗位的毕业生来说，强化角色意识，充分认识角色职责、任务与工作要求，及时、准确地进入职业角色，是一项最基本的要求。爱岗敬业是学生角色向职业角色转变的基础。大学毕业生走上工作岗位之后，应当尽快地从学生学习生活的模式中解脱出来，不仅要认识学生角色与职业角色的差异，更重要的是应该遵守职业角色规范，正确行使职业的权利，忠实履行职业角色的义务，使自己的言行与职业角色的内在要求相适应，全身心地投入到工作岗位中去。如果患得患失、心不在焉，经过几个月甚至一年的适应还不能完成角色转变，将会直接影响到职业兴趣和工作业绩。另外，“甘于吃苦”是角色转变的重要条件，只有“甘于吃苦”，才能实事求是地分析和对待角色转变中遇到的种种困难，并自觉地加以克服；只有“甘于吃苦”，才能积累丰富的社会经验和营造和谐的人际关系，促进职业层次的发展。

（二）提高社会责任意识，强化职业素质

角色规范是社会赋予角色的行为模式，也是社会评价角色的尺度和标准。求学期间，社会对大学生的评价主要看其学习是否勤奋，品行是否端正，成绩

是否优良，而这些通常都被看作是个人的事。但是，大学毕业生走上工作岗位以后，其工作或服务的质量、效率、贡献等，不再被简单地看作是个人的事，而是从其承担的社会责任来加以评判。

因此，大学毕业生走上工作岗位以后，必须时刻意识到自己所从事的工作与社会发展的关系，明确自己对社会所承担的责任，按照职业角色规范的要求，不断提高自身的职业素质，加强自身的职业道德建设，努力履行自己应履行、自己应尽的社会义务。

（三）增强独立自主意识，勤于思考和研究

缺乏自主意识和独立生活能力是大学生普遍存在的问题，大学毕业后，要想把自己学习掌握的知识和能力，通过提供劳动或服务的方式回报社会，则需要提高自己的自主意识和创造能力。同时，从学生生活转入职业生涯以后，通过劳动获得了职业收入，经济上也具有自立的能力。因此，增强自主意识，提高自立能力、独立工作能力和创业能力，乃是大学毕业生实现角色转换的客观要求和重要条件。勤于观察思考，善于发现问题是角色转换的有力保障。大学毕业生进入职业角色，只有善于观察问题，才能发现问题；只有运用自身掌握的知识去努力解决问题，才能掌握大量的第一手资料；只有分析研究职业对象的内部规律，才能培养自己的独立见解，逐步具备独立开展工作的能力，更好地承担角色责任。

（四）提高心理调适能力，跨越心理误区

大学生在角色转换的过程中，往往会面临着新旧角色的冲突。有些人由于受到社会因素、家庭因素尤其是自身认知能力、人格心理发展意志品质以及情感等因素的影响，不能正确认识角色转换的实质，或者在角色转换过程中不能持之以恒，导致自己的心理与职业角色的社会地位、作用和要求不相适应，于是在从学生角色到职业角色的转换过程中出现以下心理困扰。

1. **依恋心理**

一些毕业生在角色转换过程中容易出现怀旧心理。十多年的读书生涯，使大学生对学生角色形成了一种相对固定的习惯。因此，在职业生涯开始之初，许多人常常会自觉或者不自觉地把自己置身于学生角色中，在生活上依赖父母，学习上依赖老师，工作上依赖领导，行动上依赖书本，以学生角色的社会义务和社会规范来要求自己、对待工作，以学生角色的习惯方式来待人接物，以学生角色的思维方式来观察、分析事物和处理问题。

2. **畏惧心理**

面对新环境，一些大学生在刚走进新的工作环境时，不知道工作应该从何处着手，该如何处理复杂的人际关系，在工作中胆怯、畏惧、缩手缩脚、裹足不前，怕承担责任、怕艰苦、怕出事故、怕闹笑话、怕造成不良的影响，于是“作茧自缚”“画地为牢”，缺乏年轻人的闯劲和活力。大学生群体中，每个学生都既是年轻群体中的佼佼者，又是非常普通的社会一员，大家彼此平等相待，相互认同，没有管理者和被管理者之分，更没有严格意义上的上下级之分。一旦走出校园，步入社会，面临的将是“资历丰厚、等级森严”的群体和陌生的新环境，这就从心理上形成了一种紧缩感，以致往往不知所措，而一些性格内向的人会因此产生自卑感。

3. **自傲心理**

大学毕业生接受比较正规的高等教育，只能算是拥有先进知识的人，还算不上人才，只有运用知识、创造知识，将其转化为生产力，这时的毕业生才能算是比较高层次的人才了。但有些毕业生却因仅拥有先进知识就看不起基层工作和基层工作人员，甚至认为一个堂堂的大学毕业生干一些琐碎的不起眼的工作是大材小用，有失身份和尊严，结果是大事做不来，小事又不做，甚至目空一切，以为自己最正确，用批判的眼光看待社会、单位和周围的一切，把自己游离于单位或群体之外。事实上，如果不能静下心来踏踏实实地学习，适应工作，不管什么样的单位都不会适合你。

4. 失衡心理

一些人往往过于争强好胜，缺乏承受挫折的能力，因此产生嫉妒情绪，见别人干得好，不是见贤思齐，向其学习，而是冷嘲热讽，诋毁别人；或产生失望情绪，用悲观、灰暗的眼光看待世界和人生。遇到不顺心的事就唉声叹气，情绪低落，甚至悲观绝望。

上述这些心理问题，如果得不到正确有效的调适和矫正，就会严重阻碍毕业生的角色转换，直接影响毕业生个人的成长和工作。因此，注意调整、控制、改善自身的心理卫生状况，乃是毕业生实现角色转换的一种有效办法。

第三节　新环境与人际关系的适应

适者生存，生存是为了发展。每个人对社会和环境的适应都应该是积极主动的，而不是消极等待。大学生步入社会后只有具备较强的社会适应能力，才能充分发挥自己的聪明才智。大学生要适应社会，不能眼高手低，不要瞧不起社会上任何一种工作。有些大学生毕业后往往还是无所事事，靠家里供养，他们对待工作好像是宁缺毋滥。这种错误的择业观对自身的发展是极为不利的，要知道自食其力远胜过无所事事。

一、快速了解并融入新环境

不管过去有过多么辉煌的成绩，除了留下一份自信外，要让自己“从零开始”，争取新的业绩。了解新的工作环境和掌握有关信息，能使我们在自己的职业活动中处于有利位置，进而掌握工作的主动权。这样，我们就不是被动地等待指派和安排，而是主动地去适应工作中的各种要求。认识新的环境应注意以下几个方面。

（一）了解工作单位的基本情况

现今工作单位的性质多种多样，这里以公司为例，介绍大学毕业生应了解其哪些具体情况。了解公司的创业、成长过程，初步了解公司的发展方向。了解公司的性质，包括公司的资产规模、公司的所有制性质、公司的经营方式等。了解公司的现状，如果是生产性公司，还应了解公司的产品结构。了解公司的组织结构，包括公司的领导结构、公司实行何种管理模式等。了解公司的规章制度，包括财务制度、考勤制度、工作纪律、操作规程，甚至差旅费的报销制度等。了解公司的人事制度以及工资福利待遇等。

（二）了解和体会企业文化

企业文化是文化现象在企业中的体现，是在一定社会历史环境下，企业及其成员在长期生产经营活动中形成的文化观念和文化形式的总和，是企业员工共同的价值取向、经营哲学、行为规范、共同信念和凝聚力的价值观念体系。对于新员工而言，熟悉本企业文化是了解本企业的关键环节。只有了解和体会企业文化，才能迅速理解企业的精神和宗旨，使自己的行为符合公司或企业的总体目标，适应企业发展的步伐，使自己迅速融入公司这一大家庭，以及和公司员工的人际交往之中。

（三）了解工作单位一些不成文的规则

每个单位都有一些不成文的规则，初进单位的大学生在了解了这些“潜规则”，并对公司有了整体认识之后，有助于适应新的工作环境，对日后的工作将会大有益处。

（四）明确自己的职责

大学生初进单位后在熟悉工作环境、了解企业文化的过程中，还要尽快了解和熟悉自己的工作内容。也就是说要熟悉自己的责任、权利和义务，具体应做到以下几点：清楚自己岗位的任务和本岗位的责任。明确本岗位处理事务的工作权限。明确本岗位处理事务的执行程序，并按程序办事。掌握本岗位工作需要的基本技能，包括了解操作工具、操作程序等。明确自己的主管部门和主管人员，并对其负责。了解本岗位在整个工作过程中的地位和作用，使自己在工作中有目标地朝着搞好整体协作的方向去努力，避免南辕北辙。了解企业的发展计划，从而为自己的工作更符合新的变化做好准备。

（五）尽快融入团队

当你刚刚走出校门，踏入社会的时候，展现在你面前的是一个几乎完全陌生的环境。这时，如果你能客观地审时度势，尽快地完成从大学生到工作人员的角色转换，顺利地度过这个转换的适应期，就能得心应手地展开工作。大学期间接触的是简简单单的同学间的人际关系，而社会是个大课堂，有各种各样的人，各种各样的事，如果你的不适应是来自新的复杂的人际关系，那也不必过于烦恼，重要的是你要把握住自己，既不要恃才傲物、自视清高，也不必缩手缩脚、羞于见人。尤其在处理同事间的关系上，要尽量做到以诚待人、热情得体，不卑不亢。对每个同事都要同等对待，不要冒失地卷入人事纠纷中去。切忌搞小圈子，与部分人拉帮结派，应尽力与所有同事发展团结互助的良好关系。

（六）理智面对冷遇

大学毕业生走上社会，要想得到社会的承认，仅有一张大学毕业文凭是远远不够的。部分大学毕业生走上社会后遭受冷遇是经常发生的现象。要想从冷遇的困境中挣脱出来，就要学会清醒分析，正确对待。当受到冷遇时，首先要从主观上找原因。一般来说，主要有以下几方面的原因：自以为满腹经纶，好高骛远，小事不愿做，大事做不来，领导难以安排合适的工作。对工作挑肥拣瘦，拈轻怕重。工作责任心不强，马虎了事，不能完成领导交代的任务。自以为看破红尘，少年老成，对时事妄加评论，造成不良影响。过于看重个人得失，不思奉献，“有利可图就干，无利可图就算”。没有摆正个人与集体、事业与家庭的关系。上岗不久，即“卿卿我我”“花前月下”，忙于为自己营造安乐窝。大学毕业生只要认真地剖析自己的言行，就一定能找出受到冷遇的症结所在。不管是哪一种原因，如果遭受冷遇，首先都应从自身找原因，既不能怨天尤人、诅咒命运，更不能悲观失望、自暴自弃，要通过自身的努力，尽快使矛盾化解，使冷遇消除。可以通过以下三个途径消除或避免冷遇。

1. 谦虚好学

应该说大学生确实比一般人掌握了较多的知识，但这并不是知识的全部，只不过是沧海一粟。在大学所学的知识在毕业时有70%已经过时，只有30%还有用，加上你懂得的，不等于别人不懂；更何况大学生在校学习的都是些理论知识，对新的工作单位来说你只不过是个新手。所以，要虚心地向别人学习，绝不能自以为是，瞧不起别人。

2. 踏实肯干

大学生到了工作岗位后，除了虚心学习以外，还要有实干精神。用人单位录用你，是为了解决工作、生产、科研中的实际问题，不是拿你作“花瓶”摆设。只要能苦干、实干，脚踏实地地干出一番成绩来，领导、同事一定会投以赞许的目光，冷遇自然会消失得无影无踪。

3. 豁达大度

大学生走上工作岗位后，由于经验不足等原因，工作中遇到挫折和冷遇在所难免，虽然有时不一定是自己的原因造成的，但无论如何对待冷遇一定要沉着冷静，豁达大度，多从自身找原因，认真总结经验教训，只有这样才有利于问题的解决，否则，只能使问题复杂化。

（七）正确看待挫折

到了工作岗位，大学毕业生怀着憧憬和美好设想，想在工作中有一番作为，但现实往往与理想有较大差距。不论从事何种工作，遭受挫折总是在所难免。如果不能及时调整心态，正视挫折，便容易产生失落、消极情绪。有的人遭受挫折后，自责心理严重，垂头丧气郁郁寡欢；有的人受挫后，不从主观找原因，而是把责任推卸给他人，为自己开脱辩解；有的人则将怨气发泄到别人身上，也不正确分析原因，总结教训，结果又重蹈覆辙；还有的人遭受挫折后万念俱灰、不能自拔。这些都是十分错误的。正确的态度应当是：

1. 采取积极的心理自我防卫，谋求心理平衡

比如将内心愤懑的消极情绪转化为奋发图强、力争上进的积极情绪，“化悲痛为力量”，使心灵得到升华；或“重振雄风”，加倍努力工作，去实现目标；或改换工作方法另行尝试；或进行补偿，以期达到“失之东隅，收之桑榆”的效果。此外，解脱挫折感的方法还有很多种，如宣泄法、认识法、理性情绪法、心理咨询，等等。

2. 正确认识工作的成败

一帆风顺固然可喜，但遇到挫折也不要灰心，也许这一次挫折就是下一次成功的开始。只要看准目标，扎扎实实，一步一个脚印地走下去，就会成功。到那时，再回头来看走过的路，挫折、失败也许是人生的财富。“谁笑到最后，谁笑得最好。”

3. 勇于面对问题

遭受挫折并不可怕，怕的是不敢面对现实中的问题。战胜挫折的关键是把自己定位于解决问题而不是问题的一分子。有关专家建议在遭受挫折后，反问自己四个问题：问题到底是什么？我足够了解吗？问题的原因是什么？反思根源，可能的解决方案有哪些，什么是最佳解决方案？坚持以上四问，并努力去解决它，就能真正“笑到最后”。

（八）虚心接受批评

以什么样的态度对待批评，反映出了一个人的修养和思想道德水平，也会对他的人际关系和工作绩效产生一定的影响。有的人勇于承认自己的错误，并诚恳地接受批评，总结教训并及时加以改正；有的人受到批评则丧失信心，萎靡不振，甚至自暴自弃；还有的人“老虎屁股摸不得”，一听到批评便怒火中烧，使领导和同事对其“敬而远之”。无疑后两种态度是不可取的。对刚刚参加工作的大学毕业生来说，单位的领导一般轻易不会对你提出批评意见，如果批评了你，大多是因为你的错误比较明显。“有则改之，无则加勉”“只要你说得对，我就照你说的办”，应该是对待批评的基本态度。而笑纳批评则是对初入职场的大学生一个更高的要求。对待批评，如何能够微笑面对，虚心接受，这不仅是态度认真与否，还要有正确的方法，才能收到好的效果。正确的方法主要有以下几种：

1. 静静聆听

尽可能地让批评者把意见表达完，如果听完了还不清楚错误所在，最好再问一句：“你能说得更具体一点吗？”以便帮助你找到受批评的原因，分析批评是否有道理。

2. 坦然接受

如果是自己错了，勇敢地说一声：“是我错了，谢谢你的批评，我接受你的意见，今后注意改正。”这是最好的办法。

3. 推迟作答

如果批评者自恃有理，态度蛮横，那不妨说一声：“你让我再想一想，明天再谈好吗？”这样可以控制自己的情感，以免引起冲突。

4. 婉言解释

如果批评者对事实原委了解不够，批评没有道理或纯属误会，你可以做些解释，以便让对方了解事实真相。“你误会了，事情是这样的……”语言委婉一些，语气平和一些，对双方都有好处，尤其是对你自己。

总之，对善意的批评，不能反击。如果反击肯定会造成尴尬的局面，伤害感情；也不能找借口推脱责任，或默不作声。这两种态度似乎是“消极抵抗”，而且也不利于批评者指出你的错误所在。无论你采取什么方法，都要认真诚恳，心平气和。语言上你接受了批评，接下来还要有实际行动。如果批评者没有道理，你也不应该“耿耿于怀”，更不应“借机报复”。须知当面给你提意见多半是为了你好，希望你进步，即使是一场误会，谈开了也就没事了，挟嫌报复只会损害自己的人格。

（九）积极消除隔阂

每个人在日常与人交往中都可能同他人产生隔阂。人与人之间产生隔阂的原因是多种多样的。隔阂产生的原因不同，消除隔阂的方法也应有所不同。概括地说，产生隔阂的原因主要有三种：一是由于交往双方不愿或很少暴露真实的自我，从而引起双方对彼此交往的诚意产生怀疑而造成隔阂。二是交往双方因在某件事上产生误会而造成的隔阂。三是因一方损害了对方的利益，或伤害了对方的人格、感情，而产生隔阂。当你与他人有隔阂的时候，应冷静分析，找出原因，然后对症下药。

如果是因为双方互相缺乏了解产生的隔阂，就应该坦诚相处，以心换心。在人与人交往的过程中，我们应该相信好人占大多数。你向对方暴露自己的内心世界和真实的自我，不会对你造成任何损害。只要我们抛弃“遇人只说三分话，未可全抛一片心”的旧观念，与人真诚相处，经常交流思想感情，就一定能消除第一种原因引起的隔阂。如果是由于双方误会造成隔阂，就应该以你的宽容大度进行善意解释，消除误会。由于每个人的性格脾气、文化修养、价值观念等存在一定的差异，其观察问题、认识问题、处理问题的方法也各不相同，因此，在交际过程中出现一些误会是难免的。如果是你误会了别人，就要耐心听取别人的解释，以消除误会，当真相大白之后，双方的误会与隔阂自会云消雾散。如果是由于自己的不慎伤害了对方，要向对方诚恳道歉，请求原谅。每个人都有自身的人格尊严和自身利益，不容他人损害。在与人交往的过程中，如果你伤害或损害了对方的人格和利益，将会引起对方的不满，甚至出现矛盾冲突。这种情况如不及时正确地处理，两人轻则产生隔阂，重则产生积怨。出现这种情况，不管责任是否完全在你，也不论有意还是无意，你都应该真心实意、诚恳地向受害人道歉，以求谅解。“精诚所至，金石为开”，只要表现出足够的诚意和耐心，定会化干戈为玉帛，消除隔阂。

（十）努力钻研业务

对于涉世不深、经验不足的大学毕业生来说，工作中出现某些差错和失误是难免的。但在实际工作中还是应该尽可能地避免差错，或减少到最低限度。要避免工作中出现差错和失误，首先，要在现任职业岗位上钻研业务，履行职责，很好地完成任务。学历、知识不等于能力，只有把知识应用于实践，它才可能转化为能力，理论知识和业务实践不断地结合才会尽快地提高你的业务能力。其次，要加强薄弱环节。正如每个人都有自己的优点和长处一样，每个人也都有自己的缺点和不足。而缺点和不足往往是造成工作失误的主要根源。因此在具体的工作中要注意弥补自己的缺点和不足。再次，还要注意培养良好的职业品德，树立正确的职业理想和职业价值观，具有忠于职守、敬业乐业、献身事业的精神，坚持严肃认真、实事求是的劳动态度，保持一丝不苟、精益求精的工作作风，尊重他人，团结协作，牢记为人民服务的宗旨。这些品德不仅是做好工作、为自己开拓未来道路的需要，而且是能够处理好各种人际关系的必要条件，是取得群众认可和领导赏识的基本依据。

二、建立良好的人际关系

人际关系，也称人群关系，是人与人之间心理上的关系和心理上的距离，是以一定的群体为背景，在互相交往的基础上，经过认识的调节、感情的体验、行为交往等手段而形成的，是人们长期交往的结果。人际关系既可表现为个体与个体之间、个体与团体之间的交往，也可表现为团体与团体之间的交往。人际关系是社会关系的重要组成部分，它反映了人们在交往基础上形成的相互认知、相互好恶、相互亲疏的心理距离。

（一）建立良好的人际关系的意义

一个刚刚走上工作岗位的大学生，渴望在单位有一个和谐的人际关系，建立和谐的人际关系的意义表现在以下几个方面。

1. 可以尽快消除陌生感，适应人际环境

大学生到工作单位后，父母、亲人远在他乡，同学、朋友各奔异地，生活和工作环境发生了变化，新的人际关系比较陌生。如果大学生一开始就注意建立良好的人际关系，主动交往，热情待人，豁达处世，尽快与大家融为一体，便可顺利打开局面，消除陌生感，摆脱孤独的笼罩，顺利度过各种适应期。

2. 可以使工作顺心，生活愉快

良好的人际关系，可以使人感到工作顺心、生活惬意。当对工作还不熟悉时，人们会热情地给其以帮助；工作遇到困难时，人们会给其以信心和勇气；工作不慎失误时，人们会给其以理解、安慰和希望；生活遇到挫折时，人们会给其以温暖和友谊；工作取得成绩时，人们会告诫其戒骄戒躁，继续努力。

3. 可以保持心情舒畅，心理健康

人际关系的适应是人心理适应的重要内容。一些大学生工作后感到工作不顺心，其中一个原因就是人际关系紧张、互相猜疑、矛盾重重、提心吊胆、杯弓蛇影、生活压抑、思想包袱沉重。当人苦闷的时候，宣泄一下情绪而不必顾虑；愁苦的时候，诉说一下衷肠而不必提防，从而保持心情舒畅，身心健康。

4. 可以增进团结，有利集体

良好的人际关系是团结的基础。人际关系状况反映一个单位的精神文明状

况，人际关系好，这个单位就团结，同事及上下级之间会齐心协力，工作高效而愉快；反之，人际关系必然内耗丛生、涣散无力、缺乏生气。一个团结的团体离不开每个人的奉献和努力，只有每个成员都为集体添砖加瓦，才会形成良好的人际关系氛围，也利于团结，利于集体，利于工作。

（二）如何建立和谐的人际关系

大学生到新单位，横向的人际关系主要是与同事之间的关系，纵向的人际关系主要是与领导的上下级关系。处理好同事及上下级之间的人际关系可从以下几个方面入手。

1. 尊重他人，不自恃清高

到了新单位，尽管每个人的秉性不同、爱好各异，但都是自己的老师，因为他们都可能掌握了丰富的工作经验、娴熟的业务技能。要像尊重老师那样尊重他们，尊重他们的劳动和劳动成果，尊重他们的人格和感情，虚心向他们求教，切忌妄自尊大甚至摆架子。对他人的尊重，不要以财富的多少、年龄的大小、分工的不同来衡量，而要以劳动和对社会的贡献为标准。尽管人们分工不同，贡献有大小，但在人格上都是平等的。因此，不要嘲笑歧视他人，不能以己之长比他人之短，应该谦虚待人。如果自满而轻视人，就会损伤他人的自尊心，造成人际关系的疏远。在互相交往中尊重他人，也要尊重自己，自尊自重，才能在尊重他人的同时，也得到他人的尊重。总之，不摆架子，乐于和他人打成一片的大学生更容易建立和谐的人际关系。

2. 平等待人，不厚此薄彼

在自己的工作单位，同事之间应平等相待。不要以职务的高低、工资的多少来决定对其的态度；不要亲近一部分人，疏远另一部分人；不要认为某人对自己有用就与其打得火热，某人暂时没用就疏远不理；不要见了领导就点头哈腰，满脸堆笑，见到他人就视而不见，甚至冷若冰霜；不要卷入是非矛盾、拉帮结派、搞小团体，应该尽力与所有同事发展平等互助的友好关系。

3. 热心助人，勿见利忘义

患难见真情，同事间的相互帮助，不仅可以锦上添花，更应当雪中送炭。当别人有困难时，应伸出热情的双手给予帮助，切不能袖手旁观、坐视不管，更不能落井下石、见利忘义。要淡泊名利，不要为蝇头小利做有损人格的事。只有热心帮助他人的人才会得到别人的帮助，也只有热心助人的人才会得到人们的认可和赞扬，才会于无形中加重别人对其产生良好印象的砝码。

4. 诚实守信，不贪图虚名

诚实，就是真心实意、实事求是，不三心二意、口是心非，不当面一套、背后一套。诚实是做人的基本要求，也是建立良好人际关系的重要条件。守信，就是恪守信用、言行一致、说到做到，不能华而不实，不做说话的巨人、行动的矮子。做人只有诚实守信，才能在交往时互相了解，肝胆相照、互相信任。

5. 主动随和，不孤陋寡闻

谦虚随和、平易近人的人，给人一种较亲近的感觉，大家会乐意同其交往，觉得彼此之间愉快舒畅。切忌孤陋寡闻而又自命不凡。古语道："独学而无友，则孤陋而寡闻。"大学生到了新工作单位后，应主动交往，同大家打成一片。只有主动交往，才能获得各种知识，找出自己的不足，体会到应该学习别人的东西，才能扩大自己的视野、增长见识，不断提高自身素质和水平。

6. 宽以待人，严于律己

宽以待人，就是要与人为善，宽容大度，不斤斤计较、苛求他人，多一些谅解和理解。理解是建立感情的桥梁，是培植友谊的土壤。同事做错了事或有一些缺点，要善意地指出或给一些安慰，要多一些关心，少一些指责。严于律己，就是要严格要求自己，以各种道德规范和行为准则来约束自己，不利于团结的话不说，不利于团结的事不做，不挑拨是非、猜疑嫉妒，堂堂正正做人，踏踏实实干事。当自己受到委屈或误解时，要胸怀大度，克制自己的感情，冷静处理，勇于剖析自己，主动担负责任。"金无足赤，人无完人"，只要我们能正确地对待，始终以平等、诚实、宽厚的态度待人，就一定能建立和谐的人际关系。

7. 服从领导，不无理抗上

一个单位、一个组织的工作运行都是通过下级对上级的服从来完成的。下级对上级的无理拒绝，将使运行机制遭到破坏，工作无法进行。因此，这种现象是不允许出现的。当然，上级是人不是神，也有很多不足。有出色的上级，也有无能的上级；有宽容大度的上级，也有心胸狭窄的上级；有埋头苦干的上级，也有得过且过的上级。无论是哪种上级，只要你在这个单位工作，就必须听从其正确指挥。上级的正确指挥，不是代表个人，而是受组织之托，代表组织行使权力。对分配给自己的工作，能完成的要勇挑重担；难以完成的，最好单独找到上级陈述理由，不要当众拒绝，要维护上级的权威。要善于向上级学习，在工作上和他们保持密切联系，尽快熟悉自己的工作，并力求得到他们的支持和帮助。

三、大学毕业生走上工作岗位前的准备

（一）心理和态度准备

放低身份，从学徒做起。许多大学生因为在家是独生子女，在学校是优秀学生，一直被宠着，习惯了以自我为中心，自我感觉良好。但是，由于没有社会阅历和工作经验，到一个新岗位后，往往需要很长的时间才能调整好心理。如果每个大学生在就业前，清楚了解自己的知识技能并不足以马上胜任一项简单工作的要求，能够放低身段，从小事做起，就会少许多挫折感。

（二）技能准备

英语和电脑技能必不可少。一般公司对新员工的这些技能要求都是必不可少的，所以在工作前如果有机会实习，就能很快掌握这些基本技能。无论什么

岗位，如果你的英语听说读写能力越好，获得好的职位和晋升的机会就越大；在公司里，电脑操作是必不可少的，一般的 WORD 文档编写、PPT 编辑、EXCEL 表格制作是最基本的要求。有些大学生在暑假会主动去找公司实习，通过实习了解专业知识和技能在实际工作中应用的情况，以及时弥补自身的不足，为进入职场做好充足的准备。

（三）工作方法准备

虚心请教，及时反馈，科学安排时间，不断总结。大学毕业生对公司来说，就是一张白纸。所以无论在什么岗位，首先是来学习的，凡事不能自以为是，一定要问清楚后再去做，以免走弯路。你的上级工作比你忙，你不主动去向他请教，等他找你时，可能已经是你出错的时候了。所以一定要及时反馈，让上级知道进度和完成情况。因为你认为正确的方法可能不是最好最快的方法，你的上级经验阅历比你丰富很多，他会及时帮助你修正方向。许多大学生甚至工作多年的人都有一个通病，就是不知道如何科学管理自己的时间，许多工作不能在规定的时间内完成。管理规范的公司会要求员工每周、每月、每个季度、半年或一年都要写工作计划、完成情况总结，以帮助员工科学把握时间，提高工作效率。总结应该每天都做，这样能很清楚地知道一天下来，自己做了些什么，学到些什么，哪些做得好，哪些做错了，哪些可以做得更好。不积跬步，无以至千里，就是这个道理。

（四）身体准备

最好不吸烟，不熬夜，少生病。有了健康的身体，才能更好地工作。许多大学生养成了不好的生活习惯，如抽烟。现在大部分公司对办公室环境都有明确要求，不允许吸烟。所以经常吸烟的人，要到处找地方“换气”，影响工作效率。如果休息不好，第二天就会影响工作。另外，因为一般公司的办公室都使用空调，只要有一个同事感冒，许多人都会被传染。所以加强锻炼，增强体质、减少生病的机会也是非常重要的。

（五）理财准备

省钱就是赚钱。许多刚工作的大学生不会理财，成了“月光族”，以至还要靠父母供应生活费用。建议在第一次拿到自己赚到的工资时，开心之余时应有一套很好的理财计划，无论收入是多是少，把钱分成三份：第一份是生活必需开支，如房租水电费用、交通费用、日常生活费用，最好这些费用占三分之一到二分之一。如何节省费用是有很多窍门的，如先住公司宿舍，或几个朋友分租，这样与自己租单身公寓相比要省不少钱；自己买菜做饭比吃快餐省钱；装饰性的、好玩的东西尽量不要花钱去买。第二份是“充电”费用。现在工作中对人的要求越来越高，大学学到的东西往往不能适应时代要求，专业知识技能的提升非常重要，所以要准备一笔钱，在适当的时候去进修以提高自己的竞争力。第三份是应急和储备的钱。如家中亲友有病或其他急需用钱时，如为了将来买房结婚的钱，都要从刚工作的时候就开始积蓄。这是“集腋成裘”的道理。

（六）为人处世准备

早在两千多年前，孔子不仅极力推崇“智者乐水、仁者乐山”的个人信条，而且在“自省、克己、忠恕、慎独、中庸、力行”六个方面也给后人以深刻的教诲和警醒。对于习惯把自己定位于“天之骄子”的大学生，学会为人处世是非常重要的。学会与同事相处与合作，才能把事情做得更好。

（七）情感处理准备

爱情与婚姻对个人的事业发展有很大的影响。无论是已经有男女朋友还是孤独一人进入工作岗位的大学毕业生，如何处理好情感问题，协调好爱情与工作、朋友与同事、家庭与事业的关系，将是伴随一生的课题。对于领导给你的工作机会，对于同事给你的帮助和协助，对于朋友给你的关爱，对于父母的无私奉献，都要有一颗感恩的心，同时尽量从别人的角度出发去考虑问题，不要激化矛盾。面对问题要冷静去解决，适当向周围你信任的人寻求帮助。要相信所有的问题都会有三个以上的解决方法，选择最适合的方法去处理。

（八）服装服饰准备

“人要衣装，佛要金装”。新参加工作的年轻人，对自己的衣着打扮要非常注意。女孩一般至少要准备三套比较职业的套装，上班前要把头发梳理整齐，最好化淡妆。鞋子和包也很重要，挎包不能太小，要能装下两本书最好，款式色彩不要太花哨，不方便搭配服装，也显得拿包的人太活泼。鞋子款式尽量简洁，最好走路不会发出声音，以免走动时影响其他同事。男孩最好有两件不同色彩的净色衬衣，一套西装。不要买太贵的，但一定要保持整洁。头发不能太长，最好不要剪太新潮的发型。除了手表，男生最好不要佩戴手链、项链、戒指等首饰，过于注重打扮容易引起别人误会。

四、打造核心竞争力

一个人的核心竞争力主要包括：深刻明白自己未来的竞争力在哪里，清楚地认识到自己的优势和劣势，突破过去的盲点和障碍，端正态度，明确人生的追求，提升个人的核心竞争力，增强社会生存与发展的能力等。提升自我的核心竞争力主要体现在以下几个方面。

（一）提升解决问题时的逆向思维能力

当你面对工作中遇到的新问题，一时又找不到解决方法，而且领导可能也没有什么锦囊妙计时，学会用逆向思维去探索解决问题的途径。应该清楚具体业务执行者比领导更容易找出问题的节点，是人为的，还是客观的；是技术问题，还是管理漏洞。采用逆向思维找寻问题的解决方法，会更容易从问题中解脱出来。

（二）提升考虑问题时的换位思考能力

在考虑解决问题的方案时，要学会自觉地站在公司或老板的立场去考虑解决问题的方案。作为公司或老板，解决问题的出发点首先考虑的是如何避免类似问题的重复出现，而不是头疼医头、脚疼医脚的就事论事方案。面对人的惰性和部门之间的竞争，只有站在公司的角度去考虑解决方案，才是一个比较彻底的解决办法。如果能始终站在公司或老板的立场上去酝酿解决问题的方案，逐渐地你会成为公司或老板可以信赖的人。

（三）提升强于他人的总结能力

如果你对问题的分析、归纳、总结能力比常人强，那么你在工作中便总能找出规律性的东西，并驾驭事物，从而达到事半功倍的效果。人们常说苦干不如巧干，但是如何巧干，不是人人都知道的。做同样的工作，常人一天忙到晚都做不完；而你因为有了比别人更好的工作方法，不仅做出来的质量高，而且整天看起来还很轻闲。

（四）提升简洁的文书编写能力

老板通常都没时间阅读冗长的文书，因此，学会编写简洁的文字报告和编制赏心悦目的表格就显得尤为重要。即便是遇到再复杂的问题，你也要学会能将其浓缩阐述在一页 A4 纸上，对那些有必要详细说明的问题，再用附件形式附在报告或表格后面。让老板仅仅浏览一页纸或一张表格便可知道事情的概况。如果老板对此事感兴趣或认为重要，可以通过阅读附件里的资料来了解详情。

（五）提升信息资料的收集能力

你要逐渐提升信息资料的收集能力，包括各种政策、报告、计划、方案、统计报表、业务流程、管理制度、考核方法等，尤其应重视竞争对手的信息。因为任何成熟的业务流程本身就是很多经验和教训的积累，遇到用时，就可以信手拈来。这种能力在任何教科书上都无法找到，也不是哪个老师能够传授的。

（六）提升解决问题的方案制定能力

遇到问题，你要学会不让你的领导做“问答题”而是做“选择题”。常人遇到问题，首先是向领导汇报、请示解决办法，接着听领导告知具体的操作步骤，这就是让领导做“问答题”。而你如果常常带着自己拟定好的多个解决问题方案供领导选择、定夺的话，这就是常说的给领导出“选择题”，显然领导更喜欢做的是“选择题”。

（七）提升目标调整能力

当个人目标在一个组织里无法实现，且又暂时不能摆脱这一环境时，你应该学会调整短期目标，并且将该目标与公司的发展目标有机地结合起来。这样，大家的观点容易接近，或取得一致，才会有更多的共同语言，工作起来才会愉快、和谐。

（八）提升超强的自我安慰能力

遇到失败、挫折和打击，你要能做到自我安慰和解脱，还要学会迅速总结经验教训，而且坚信情况会发生变化。相信上帝在为你关上一扇门的同时，也一定会为你打开一扇窗。

（九）提升书面沟通的能力

当你发现与老板面对面的沟通效果不佳时，你应学会采用迂回的办法，如电子邮件，或以书面信函、报告的形式尝试与他进行沟通。因为，书面沟通有时可以达到面对面语言沟通所无法达到的效果，可以较为全面地阐述想要表达的观点、建议和方法，达到让老板听你把话讲完的目的，而不是在面谈时老板打断你的讲话或被老板桌上的电话打断你的思路。

（十）提升企业文化的适应能力

如果你对任何一个新组织的企业文化都有着很强的适应能力，那么，将来换个新企业犹如换个办公地点，你工作起来照样可以如鱼得水并被委以重任。

（十一）提升岗位变化的承受能力

竞争的加剧，经营风险的加大，企业的成败可在一朝一夕之间发生。对你来说，要做到对岗位的变化，甚至“饭碗”的丢失都无所畏惧，那么，你承受岗位变化的能力也是常人所无法比拟的，这不仅仅是个人发展的问题，更是一种生存能力的问题。

五、新的工作岗位中应注意的事项

大学毕业生刚参加工作，会遇到一个与学校完全不同的环境，总结近些年大学毕业生所遇到的问题与困境，应该注意以下事项：

（一）积极主动

毕业前夕，大学生跨过了层层求职障碍，闯过了道道考核难关，落实了工作单位，签订了就业协议。落实工作单位后，多数同学能像以前一样认真学习，完成毕业设计、毕业论文，准备答辩。但是毕业生还可以充分利用高校得天独厚的信息资源优势，针对自己将来所从事的行业性质和工作方向，收集和整理与工作内容相关的资料，关注这一领域国内外的发展水平和发展趋势。未雨绸缪，先对工作进行尽可能的细致了解，更有利于更快地融入工作。

一旦到了工作单位，就要处处把自己当职业人看待，努力学习实践知识，寻找、创造锻炼业务能力的机会。上班伊始，领导可能不会交给你过多的工作，这时千万不要呆坐不动，要尽量使自己忙碌，诸如翻阅一些与工作有关的文件资料，或主动请教一些工作问题，要做到眼勤、手勤、腿勤，坚持做到“多想、多问、多做、少说”。尽量每天提前一点时间上班，推迟一点时间下班。利用办公以外的时间多做一些服务性的劳动，如打开水、打扫卫生、整理内务等。完成领导交办的第一个工作任务对自己意义重大，因为这是领导观察你的工作态度、工作能力及与别人合作的精神的重要窗口，也是使自己的事业有个良好开端的契机。所以，第一个任务的完成你要多花心思，要注意以下方面：

1. 明确工作的目标和要达到的效果

要仔细聆听领导指示，并领会其意图。没有听懂的一定要虚心请教，直到弄清为止。了解完成工作任务所需要的条件并尽可能地创造条件；尽可能了解工作对象的情况和特点；多设想几种实施方案和对策。

2. 做好充分的准备工作

拟定工作计划后，就要踏踏实实，一步一个脚印地去实施。当遇到困难和难以解决的问题时，虚心向其他人请教。作为刚上阵的新兵，求助于人，不会使你难堪，反而会让别人看到你的谦虚好学。当遇到挫折时，不能乱了方寸，慌了手脚。“吃一堑，长一智”，先冷静下来、分析原因、再思考对策，仍然可以掌握主动权，取得最后成功。胜不骄，败不馁。成功时，切莫被胜利冲昏了头脑；失败时，更莫沮丧灰心，只要总结经验，发愤图强，也许失败本身也是一种收获。

3. 写总结报告

任务完成后，即使领导没有要求，写一份总结报告也是很有必要的。如果你圆满地完成了任务，此举会扩大“战果”，不仅使领导和同事们了解到你的工作成绩，也可以使自身得到提高。如果任务完成得不好，总结就更为重要了。

通过总结使大家了解你是一个善于反省的人，还可以找出失败的原因，吸取教训，在以后的工作中少走弯路。

（二）诚信踏实

守时守信，主动工作，遵守时间，讲求信用，这既是人际交往中的一种美德，又是工作关系中的纪律要求。严格遵守单位的规章制度，积极主动地做好自己力所能及的工作，与人交往不失约、不失信。同时诚实守信还要做到严守秘密，真诚待人。现代企业信息竞争很激烈，在外对本单位的人和事物严守秘密，对内真诚地对待本单位的同事。诚信踏实还要做到爱岗敬业，服从安排。工作中要努力，谦虚为怀，少攀比，少计较个人利益得失。理解公司的安排，遵守公司的政策规定，服从调遣，摆好自己的位置。

（三）不斤斤计较

大学毕业生到一个新单位，要敬岗爱业，立足本职，不要“这山望着那山高”，总是羡慕别人的工资比自己高，别的单位的待遇比自己好，别的部门和职位比自己的有前途，不断地追求更好条件、更高待遇、更有前途的工作，把当前所在的单位和职位当跳板。其实，任何用人单位绝对不会重用将单位当“跳板”的人。至于工作待遇，那更是对能力的奖励，越有能力的人，待遇越好，而能力照样需要安下心踏实学习，不断积累形成，急功近利，趋炎附势的心态是没办法看到前途，也没办法锻炼能力的。因此，刚毕业的大学生，不要过于功利、急躁，最好在本职岗位上踏实学习，积累经验，锻炼能力，积聚人脉，树立专业形象，这样才会有功成名就、前途无量的一天。不安于本分，时间和精力都放在寻找待遇更好、前途更好的工作上，既得不到现单位的认可，找不到更好的单位，最后寻寻觅觅，忙忙碌碌到头来还是竹篮打水一场空，枉费时间和精力。

（四）不损公肥私

工作要讲职业道德，在工作中要注意：不把单位的一些东西据为己有。不利用职务之便，谋取私利。不占用办公电话说私人的事情。不结党营私，搞小团体、小圈子。不打击报复，划定地盘，拉帮结派，党同伐异。不收受贿赂，贪赃枉法。这些不讲职业道德的行为，小处可能只会让你受到同事的鄙视、领导的讨厌或者单位规章制度的惩罚，过错大了则就会被追究法律责任。所以，大学生就业伊始，就要树立正确的职业道德观，遵纪守法，遵守单位的规章制度，爱护国家和单位的财产，不做损害国家和集体的事，不为自己的私利钻国家和单位的空子，不利用职务便利捞取好处，做一个有才、有品、有前途的人。

（五）不找借口

大学生刚参加工作，工作不适应、工作中出点差错是难免的，但千万不要把不适应、刚来不熟悉当借口，要从自身主观方面找原因，不适应业务工作要学习，不适应人际关系要改善，不适应生活习惯和节奏要克服，不适应紧张压力要锻炼，不熟悉业务流程要尽快熟悉和掌握，只有这样你才可能把自己锻炼成为一个有发展前途的人。如果工作难了不能做，说自己没做过没经验；工作麻烦不想做，说不会做；工作责任大利益小不想做，说工作忙推托；工作紧张不想做，说不舒服不能做……这样的心态任何机会都会从你眼前溜走，不仅锻炼不了自己，久而久之，同事领导会觉得你工作不积极主动、懒惰、没有责任心、没有追求，慢慢地也就当你不存在，不再给你任何机会了。

（六）不抱怨

一些大学毕业生心高气傲，工作中常常抱怨自己从事简单工作是大材小用；待遇不够没有体现价值；工作条件太差；加班加点；福利太少；身边同事文化低素质低；领导不是伯乐，发现不了你的“真才实学”和“鸿鹄之志”等。其实，一个真正有远大志向的年轻人是不会挑剔工作的，也不会提过高的要求。对于组织分配的工作，不会挑三拣四。即使所分配的工作难以胜任或对其兴趣不浓，也会先接受下来，力争干好。对于生活、工作条件，也不会提过高的要求或计较一时的得失，一切只会从长计议。要树立主人翁意识，把单位当成自己的家。同时积极参加单位组织的各项活动，充分展现自己的才能和特长，不断加深同事对自己的印象。即使自己缺乏特长，也要向领导或组织者说明情况，并表示愿积极参与的态度和精神。

第六章　大学生职业生涯规划与实施

第一节　大学生职业生涯规划的方法和步骤

职业生涯规划对于就业竞争相当激烈的大学生来说，是十分必要的。一份好的职业规划可使人们尤其是青年充分认识自己，客观分析环境，科学地树立目标，正确地选择职业，以及运用适当的方法，采取有效的措施，克服职业生涯发展中的险阻，避免人生陷阱，从而获得事业的成功。在进行职业规划时，大学生还要注意选择合适的方法。

一、自我规划法

自我规划法是国外职业专家推荐的一种简单易行的方法。它需要大学生自己独立地思考并回答七个问题，找出自己职业规划的优势和劣势，综合七个问题的答案，就可以设计出自己的职业规划。七个问题的具体内容如下：我是谁？我想做什么？我能做什么？环境支持或允许我做什么？我的优势是什么？我的弱势是什么？我的职业规划是什么？

（一）回答问题时需要注意的事项

1. 回答“我是谁”时需要注意的事项

在回答“我是谁”的时候，要先考虑你自己扮演的社会角色，如孙女（孙儿)、女儿（儿子)、姐妹（兄弟)、消费者、学生等，还要凸显出自己的性格特点和能力素质，争取尽可能多地回答这个问题，帮助你认清自己的真实面目。随后再想想哪些答案是需要修改的；哪些还需要增加，尽量准确地表达自己的想法。确定答案完全齐备之后，按重要性对案例进行排序。

2. 回答“我想做什么”时需要注意的事项

第二个问题是对自己职业理想发展过程的一次梳理。在从小到大的成长过程中，每个人在不同的时期都可能有不同的理想，这主要与不同阶段的环境，兴趣，性格有关。但随着年龄的增长，这种职业理想会逐渐固定下来，并确定为自己的人生目标。大学生在具体回答的时候，需要回忆从儿时到现在每个阶段的理想，依次把它们列出，并查漏补缺，再依照理想实现程度的大小来对这些答案排序。

3. 回答“我能做什么”时需要注意的事项

回答“我能做什么”这个问题是对自己能力和潜力的考察。一个人的能力直接决定了他的职业定位，而他的潜力大小则决定了他职业发展空间的大小。那么，如何来了解一个人的发展潜力呢？我们应该从个人的兴趣、做事的毅力、处理事情的判断力、知识结构的健全程度以及能否跟上时代的发展，及时更新知识、观念等方面来认识。考虑成熟之后，就可以把自己确定的能力和潜在的能力归纳出来，这也需要认真地排序。

4. 回答“环境支持或允许我做什么”时需要注意的事项

第四个问题主要考查影响大学生职业规划的主客观因素。主观因素包括个人的交往关系（如同学和朋友的关系)，社会关系（亲戚关系)，而客观因素包括职业选择地的经济发展状况、人事政策状况、企业制度、职业的发展空间等。我们在进行职业选择时应该把主、客观两方面的因素综合起来，把一切有利于自己发展的因素调动起来。在这些因素中，我们需要把对自己有帮助的因素单独列出来，考虑一下自己可以得到哪些支持和帮助。弄清楚之后按重要性排列出来。

5. 回答“我的优势”时需要注意的事项

第五个问题是分析“我的优势”。回答这个问题需要从以下三个方面考虑：

（1）你学到了什么

在大学期间，你从专业学习中获取了什么收益；在社会实践活动中提高与升华了哪方面的知识和能力？努力学好专业课程是职业设计的重要前提。要注意学习，善于学习，同时要善于归纳、总结，把单纯的知识真正内化为自己的智慧，为自己多准备点后备能源。

（2）曾经做过什么

包括在学校期间担当的学生职务，社会实践活动取得的成就及工作经验的积累等。要提高自己经历的丰富性和突出性，你应该有针对性地选择与职业目标相一致的工作项目，坚持不懈地努力工作，这样才会使自己的经历有说服力。

（3）最成功的是什么

你做过的事情中最成功的是什么？如何成功的？通过分析，可以发现自己的长处，如坚强、智慧超群等，以此作为个人可以深层次挖掘的动力之源和魅力闪光点，形成职业设计的有力支撑。

6. 回答“我的弱势”时需要注意的事项

第六个问题是分析自己的弱势。回答这个问题需要注意以下两点：

（1）性格的弱点

人无法避免与生俱来的弱点。这就意味着，你在某些方面存在着先天不足，是你力所不能及的。多安下心来，跟别人好好聊聊，看看别人眼中的你是什么样子，与你预想的是否一致，找出其中的偏差并弥补，这将有助于自我提高。

(2) 经验或经历欠缺

欠缺并不可怕，怕的是自己还没有认识到或认识到了而一味地不懂装懂。正确的态度是：认真对待，善于发现，努力克服和提高自己。你可以打出“给我时间，我可以做得更好”的旗号

7. 回答“我的职业规划是什么”时需要注意的事项

分析完前面六个问题之后，我们就可以找出对实现有关的职业目标有利和不利的条件，列出不利条件最少、自己想做并且能做的职业目标。至此，“我的职业规划是什么”这个问题的答案就有了一个清楚的框架。我们可以从前六个问题的答案中找出内容相同或者相近的，然后把它们连在一起，最后共同点最多的连线就是你以后职业的发展方向。确定了职业发展方向之后，接下来就要制订一系列行之有效的具体行动计划。通常行动计划分短期目标、中期目标、长期目标和人生目标。短期目标一般为1~2年，短期目标又分：日目标、周目标、月目标、年目标。中期目标一般为3~5年。长期目标一般为5~10年。针对每个目标，列出相应的可执行的行动方案，然后就需要全身心地投入行动中，将一个个计划通通变成现实。

(二) 进行自我规划时需要注意的事项

1. 找一份能刺激你成长的工作

不要因为一份工作可短期获利就一头栽进去，最好找一个能刺激你成长的工作，以开创属于自己的机会。即使是竞争最激烈的行业，永远有空下来的位子，难就难在如何寻觅。某些领域机会较多，有些则需要挤破头才能争得一席之地。通常令人瞩目的行业，诸如新闻、广播、电影、电视、广告、时装等行业都不易打入，但若有幸成为其中一员，不难“飞上枝头作凤凰”。竞争激烈并不代表你永远都没有机会，不战而退最令人惋惜。以马拉松比赛为例，是否所有的参赛者都有健美先生那样的身材、机器人那样的耐力？果真如此的话，你是不是想脱下跑步鞋，回家算了？但如果你已经为这场比赛练习了很久，转身

离去就是懦夫的行为。要进入竞争激烈的行业，也是如此。

2. 勇敢地迈出第一步

如果自认为有才华、有冲劲和创造力，却连试一试的勇气都没有，也是一种“自作自受”，没有人会同情你的。一个人若是苟延残喘到年老，只会怪他人“有眼不识泰山”，又有何用？不要动不动就自怨自艾：“要是当初我不计较报酬，今天早成为文案高手。”或者说：“当年我为什么不肯屈就呢？不然现在就是杰出的广播节目制作人，用不着在这儿听他们电台的烂节目！”这些都是空洞的借口，批评别人总是不必费什么工夫，然而踏出第一步，就要有胆量和冲劲。

3. 只有不懈努力才能获得成功

不论工作是否有挑战性、需求人员是多是少，只有不懈努力才能获得最后的胜利。20 世纪 60 年代，美国数以千计的大学生瞧不起世间的价值标准，想要做“自己爱做的事”，推销健康食品就成了这些“化外之民”最乐于从事的行业。对他们来说，这是抗拒主流文化的一种“义举”。但过去的嬉皮士们多半“无心插柳柳成荫”，成为今日卓越有成的企业家，积累了惊人的财富。即由于现实的限制和人们的日益成熟，常使一些理想主义者不得不成为脚踏实地的人。

通过以上的自我分析与认识，解决了“我选择干什么”的问题。职业方向直接决定着一个人的职业发展，因而需更加慎重。正所谓“男怕入错行，女怕嫁错郎”，选错了行业，可能会毁掉自己本该有所作为的人生。我们可按照职业设计的“择己所爱、择己所长、择世所需、择己所利”四项基本原则，结合自身实际确定职业方向和目标。

根据职业方向选择一个对自己有利的职业和得以实现自我价值的组织，是每个人的良好愿望，也是实现自我的基础，但这一步的迈出要相当慎重。就人生第一份工作而言，它往往不仅是一份单纯的工作，更重要的是它会使你初步了解职业、认识社会，它是你一定意义上的职业启蒙老师。如你欲从事技术工程师工作并想有所作为，你可以设定自我发展计划：选择一个什么样的组织，预测自我在组织内的职务提升步骤，即个人如何从低到高拾级而上；从技术员做起，在此基础上努力熟悉业务领域、提高能力，最终达到技术工程师的理想生涯目标；预测工作范围的变化情况，不同工作对自己的要求及应对措施；预测可能出现的竞争，如何相处与应对，分析自我提高的可靠途径；思考如果发展过程中出现偏差，如果工作不适应或被解聘，如何改变职业方向。

自我规划法适用面广，且操作比较简单，很适合大学生使用。但有些对自己的能力、性格和兴趣等不了解的大学生就不可能客观地分析自己、审视自己，做出科学的职业规划，这时他们就需要借助职业规划测评系统来认识自己，进而做出适合自己的判断。

二、职业测评法

职业测评是一种了解个人与职业相关的各种心理特征的方法，简言之，就是应用到职场的心理测评。它通过一系列的科学手段对人的基本心理特征，包括能力、兴趣、性格、气质及价值观等进行测量和评估，分析你的特点，再结合工作的特点，帮助你进行职业选择。

（一）性格测评

性格测评是以 MBTI 为工具来进行的。MBTI 是嘉芙莲·谷嘉·碧瑞斯（Katharine Cook Briggs）（1875—1968 年）与其女伊莎贝·碧瑞斯·麦尔（Isabel Briggs Myers）（1897—1980 年）在瑞士心理学家卡尔·荣格（Carl G · Jung）（1875—1961 年）的心理类型理论基础上发展起来的。

卡尔·荣格一开始简单地把人划分成内向和外向两种类型，但这种划分方法实在无法把人与人之间的差异完全包含在里面。因而，他又费了近十年的工夫，将其类型理论加以扩充。他在新建立的类型理论中，把他的临床观察所得，化成日常口语的观念，而形成四个区分标准，即：内向性-外向性、辨认性-直觉性、感性-理性，熟思性-果断性。具体来说，荣格把人类的性格分为：E 外向型（Extrovercy）——着重外在的世界；内向型（Introvercy）——着重内在的世界；S 辨识型（Sensing）——重实际、具体、事实的看法；N 直觉性（Intuition）——着重考虑事件的可能性及关系到我们如何下结论、做决定；T 理智型（Thinking）——较客观、重分析、公平；F 感性型（Feeling）——较主观、重视价值；J 决断型（Judging）——处理问题时重次序、有计划性；P 熟思型（Perceiving）——重视或依照突发灵感及弹性处事。

荣格认为，这八种心智倾向占性格的主导地位，还有一些具有辅助功能的心智倾向和第三功能的心智倾向。碧瑞斯和麦尔进一步发展了荣格的关于辅助功能的概念，并且把它应用到有关类型的概念和描述之中，形成了 MBTI 的 16 种性格类型。

1. ISTJ 的性格特征

沉静，认真，贯彻始终，得人信任而取得成功。实事求是且有责任感；能够合情合理地去决定应做的事情，而且坚定不移地把它完成，不会因为外界事物而分散精力；以做事有次序，有条理为乐，不论在工作、家庭或者生活中都重视传统和忠诚。

2. ISFJ 的性格特征

沉静，友善，有责任感，谨慎。能坚定不移地承担责任；做事有始有终，不辞劳苦并准确无误；忠诚，替人着想，细心，往往记着他所重视的人的种种微小的事情，关心他人的感受，努力创造一个有秩序、和谐的工作和家居环境。

3. ESTP 的性格特征

有弹性，容忍；讲求实际，专注即时效益。对理论和概念上的解释感到不耐烦，希望以积极的行动去解决问题。专注于此时此地，喜欢主动与人交往；喜欢物质享受的生活方式，能够通过实践达到最佳学习效果。

4. ESFP 的性格特征

外向，友善，包容；热爱生命；爱物质享受；喜欢与人共事。在工作上，能利用常识，注意现实的情况，使工作富有情趣、灵活且即兴；易接受新朋友和适应新环境，与别人一起学习新技能可以达到最佳学习效果。

5. INTJ 的性格特征

有富于创意的头脑，有很大的冲劲去实践他们的理念和达到目标。能够很快地掌握事情发展的规律，从而想出长远的发展方向；一旦做出承诺，便会有条理地开展工作，直到完成为止；有怀疑精神，独立自主；无论为自己或为别人，都有高水准的工作能力和表现。

6. INFJ 的性格特征

探索意念、人际关系和物质欲拥有的意义及它们之间的密切关系。希望了解什么可以激发人们的推动力，对别人有一定的洞察力；尽责，能够履行他们坚持的价值观念；有一个清晰的理念以谋取大众最佳利益；能有条理地、果断地去实践他们的理念。

7. ENTP 的性格特征

思维敏捷，机灵，能激励他人，警觉性高，勇于发言；能随机应变地去应付新的和富有挑战性的问题。善于引出在概念上可能产生的问题，然后很有策略地加以分析；善于洞察别人，对日常例行公事感到厌倦；甚少以相同方法处理同一事情，能够灵活地处理接二连三的新问题。

8. ENFP 的性格特征

热情而热心，富于想象力，认为生活充满多种可能性。能够很快找出事件和资料之间的关联性，而且有信心地依照他们所看到的模式去做；很需要别人的肯定，又乐于欣赏和支持别人；喜欢即兴发挥，时常有上佳的临场表现和流畅的语言表达能力。

9. ISTP 的性格特征

容忍，有弹性，是冷静的观察者；但当有问题出现时，便迅速行动，找出可行的解决方法，能够分析出哪些因素可以使事情顺利进行，又能够从大量资料中找出实际问题的核心；很重视事情的前因后果，能够以理性的原则把事实组织起来，重视效率。

10. INTP 的性格特征

对任何感兴趣的事物，都要探索一个合理的解释。喜欢理论和抽象的事情，喜欢理性思维多于社交活动；沉静，满足，有弹性，适应力强。在他们感兴趣的范畴内，有非凡的能力去专注而深入地解决问题；有怀疑精神，有时喜欢批评，善于分析。

11. ESTJ 的性格特征

讲求实际，注重现实，注重事实。果断，能很快做出实际可行的决定；能够安排计划和组织人员完成工作，尽可能以最有效率的方法达到目的。能够注意日常例行工作的细节；有一套清晰的逻辑标准，并且会有系统地执行，也想别人跟着去做；会以强硬的态度去实施计划。

12. ENTJ 的性格特征

坦率，果断，乐于成为领导者，容易看到不合逻辑和缺乏效率的程序和政策，从而展开和实施一个能够顾及全面的方案去解决组织上的问题。喜欢有长远的计划，喜欢有一套目标；往往是博学多闻的，喜欢追求知识，又能把知识传授给别人；能够有力地提出自己的主张。

13. ISFP 的性格特征

沉静，友善，敏感和仁慈。欣赏目前及周边所发生的事情；喜欢有自己的空间，做事时能把握自己的时间；忠于自己的价值观，忠于自己所重视的人。不喜欢争论和冲突，不会强迫别人接受自己的意见或价值观。

14. INFP 的性格特征

理想主义者，忠于自己的价值观及自己所重视的人。将外在的生活与内在的价值观相配合；有好奇心，很快看到事情的是否可行，能够加速对理念的实践；试图了解别人、协助别人发展潜力；适应力强，有弹性，如果与他们的价值观没有抵触，往往能包容他人。

15. ESFJ 的性格特征

有爱心，尽责，合作。渴望和谐的环境，而且有决心营造这样的环境；喜欢与别人共事，能准确、准时地完成工作；忠诚，即使在细微的事情上也如此。能够注意别人在日常生活中的需求而努力满足他们；渴望别人赞赏他们和欣赏他们所做的贡献。

16. ENFJ 的性格特征

温情，有同情心，反应灵敏和有责任感。高度关心别人的情绪、需要和动机；能够看到每个人的潜质，帮助别人发挥潜能；能够积极地协助个人和组织的成长；忠诚，对赞美和批评都能做出很快的回应；社交活跃，在一组人当中能够惠及别人，有启发别人的领导才能。

（二）动力测评

动力测评用于考查参测人员与组织行为密切相关的动机结构特征及其强度，包括影响愿望与成功愿望的动机、挫折承受的动机、人际交往性等。通过这些信息的有机组合，我们可以更进一步地了解参测人员目标的设置、活动的目的性和选择性、管理工作的主动性、风险意识等一系列的信息。

动力测评是建立在动力理论之上的。首先，我们要了解动机是什么。动机是引起、维持和指引人们从事某种活动的内在动力，是人类行为动力中调控机制的重要组成部分，是人类行为的原动力。其次，动机对人类行为具有强烈支配和调控作用：第一，它使组织行为具有明显的选择性和目的性，指向有利于组织的目标、回避有害的目标。因此，它是人们决策行为的主要组成部分；第二，使组织行为具有积极性和主动性，人们的工作能否取得成功，在很大程度上取决于人们能否发挥其积极性和主动性；第三，动机的取向或性质决定着人们的责任感和自信心的强度和性质；最后，组织行为与管理心理学对人们动机结构的研究结果表明，成功愿望、人际交往与领导者的组织行为有着密切的关系。正是在这些理论的指导下，动力测评系统逐渐完善和健全。

三、大学生职业生涯规划的步骤

（一）审视自我

审视自我是指全面、深入、客观地分析和了解自己。审视自我是内省的过程，一个人只有通过自我识别和测评定位，正确、深刻地认识和了解自己，才能对未来的职业生涯做出最佳选择。

（二）审视自我的方法

审视自我常用的有自我测试法、计算机测试法三种，通过不同方法的测试，全面了解自己，认识自己，并以此为基础规划和设计自己。

1. 自我测试法

自我测试法是通过回答有关问题来认识自己、了解自己。测试题目是由心理学家们经过精心研究设定的，只要如实回答，就能大概了解自己的有关情况。这是一种比较简便经济的自我剖析方法。在自测回答问题时，切忌寻找标准答案，而应该是自己怎么想、怎么认识就怎么回答，这样的测试才有实际意义。自我测试的内容和量表很多，包括方方面面，如性格测试、气质测试、情绪测试、智力测试、技能测试、记忆力测试、创造力测试、观察力测试、应变能力测试想象力测试、管理能力测试、人际关系测试、行动能力测试等，可供选择和使用。

2. 计算机测试法

计算机测试法是一种了解自己、认识自己的有效的现代测试手段和方法，这种方法的科学性、准确性相对较高。目前，用于测试的软件多种多样，许多网站也开设了网上测试。国内外比较常用的几种测试方法有：

（1）人格测试

人格是个人带有一定倾向性的、比较稳定的、本质的心理特征的综合，包括气质、能力、性格、兴趣等心理特征。目前，常用的人格测试方法有明尼苏达多项人格测验（MMPI）、卡特尔16种人格测验（16PF）、艾森克人格问卷（EPQ）以及瑟斯顿人格测验（IRT）等。

（2）职业兴趣测试

职业兴趣测试对个人选择适合自己兴趣的职业具有十分重要的价值。职业兴趣测试目前有：爱丁堡职业倾向问卷、男性职业兴趣问卷表、库德职业偏好记录、明尼苏达职业兴趣问卷表等。通过自我剖析，认识自身的条件，进行比较准确的自我评价，并对此做深层次的分析，以便根据自身的特点设计自己的职业发展方向和目标。

（3）能力测验

能力测验内容较多，有文职人员能力与机械能力两种测验。文职人员是指工作地点在办公室，而主要从事创造力要求较低的工作的脑力劳动者，例如，会计员、簿记员、出纳员、秘书、干事等。其测验方法有以下几种：明尼苏达办事员测验、一般办事员测验、简短雇佣测验（SET）等。机械能力包括感觉和动作能力、空间关系的知觉、学习机械事物的能力，以及理解机械关系的能力等。测验方法有：明尼苏达拼版测验、贝内特理解测验（BMCT）等。

（三）职业生涯背景分析

1. 职业生涯背景分析的内容

职业生涯背景分析主要是分析内外环境因素对自己职业生涯发展的影响。影响职业生涯发展的主要环境因素，有四个方面，即成长环境、社会环境、行业环境和组织环境。

2. 职业生涯背景分析的方法

职业生涯背景分析对大学生来说具有较大的难度，要求大学生具有较强的信息收集、整理分析和判断能力，以及对职业环境进行综合、分析和判断的能力。职业生涯背景分析可以利用多种信息渠道，或采取调查、访谈、实习、参观等方式进行。

四、职业生涯目标的设定

职业方向确定后，还应当有一个明确的职业目标。目标的选择是职业发展的关键。因为坚定的目标可以成为追求成功的驱动力。研究表明，一个人事业的成败很大程度上取决于有无适当的目标，凡是成功的人士都有明确的奋斗目标；那些没有明确奋斗目标的人，都没有获得成功。因此，一个未来的成功者，必定是一个目标意识很强的人。

（一）职业生涯目标设定的内容

大学生应以自己的最佳才能、最优性格、最大兴趣、有利的环境等条件为依据设定自己的职业生涯目标。大学生不仅应当有外职业生涯目标，也应当有内职业生涯目标。具体地说，从以下三个方面来设定：一是学习目标，在学业上计划攻读哪个学科，取得什么样的学历、学位。二是职业目标，可按照定向、定点、定位原则设定职业目标，计划选择职业生涯的路线（行政管理、专业技术或技术管理）和职业发展的地点，打算获得什么职务（科长、处长、局长、县长、市长、省长、部长、总经理、厂长，总师、高工、工程师、助工、技术员等）和薪资等；解决好干什么、何处干、怎么干这三个基本问题。三是兴业目标，计划在哪个产业中创业（第一产业：农业、矿产开发业；第二产业：工业、建筑业；第三产业：商业，服务业和交通运输业；第四产业：信息技术咨询业；第五产业：文教、体育、人力资源开发业）？所创企业打算搞到多大规模（人数、产值、利润）？要获得多高的人才效益、经济效益和社会效益？

（二）职业生涯目标设定的方法——SMART目标确定法

SMART方法主要是指在制定职业生涯目标时，应按照SMART目标确定准则，建立科学有效的目标。S（Specific）——具体。设定目标的艺术就在于某一特定、详细的目标上。目标越具体越好，不能用一些抽象的概念作为目标，因为目标越具体，越能增强主体对各种机会的敏感度，越有可能使目标成真。M（Measurble）——可衡量。思考并权衡正在使用的方法。A（Achievabie）——可行。确保提出的要求是在可实现的范围内。R（Realistie）——切实。目标的制定必须从实际出发，一步一步地提高比跨越一大步更实际，不切实际往往导致失败。T（Timely）——时限性。我们在制定目标时要有时间限制，有侧重地分配时间。

第二节　大学生职业生涯规划的准则和要点

一、大学生职业生涯规划的准则

（一）以个人发展为主旨的准则

根据帕森斯“特性-因素相匹配理论”的观点，社会上不同的职业都具有不同的特点，它们要求工作人员具有一定的个人特质，并且每种职业试图编制出一套测试个人特质的工具。因此，大学生职业生涯规划必须注意每种职业对职员要求的明确标准，在进行职业选择时充分考虑自己各方面的能力，制定出具有个人特色的职业生涯规划。例如，技术性岗位就需要大学生具备如下典型特征：性格内向，喜欢独立思考，做事谨慎细致，选择职业的重点是工作的实际技术；而管理型的职位则需要大学生具备考虑问题比较理智，善于从宏观角度考虑问题，并能在信息不全的情况下分析、解决问题，善于影响、监督、率领、操纵、控制组织成员，善于使用权力等特点。

在长期的实践中，人们发现尽管一些职业的录用标准得以确定，心理测试的工具日臻完善，技术水准不断提高，但因职业种类繁多，并且职业发展演化迅速，难以确定各种职业所需的个人特质。另外，心理测试工具的可信度和有效性也不尽如人意。受多种因素的影响，以此为基准的人职匹配过于客观化，而对人本身的诸如态度、期望、人格、价值观等择业主体的主观因素重视不够，这样的人职匹配是粗疏的，尤其是毕业生在择业环节上更是难以实现精准实现人职匹配。而通过就业指导把人配置到特定的职业上，“一个萝卜一个坑”更不现实。但我们并非不需要人职匹配：求职者选择其适合的职业，个人特长和潜能得到最大限度发挥；职业与其适宜的劳动者相匹配，才能最大限度地发挥社会效益。

大学生在进行职业生涯规划设计之前，要充分认识到职业对个体发展、社会进步所起的重要作用。在规划职业生涯时，大学生就不能只考虑工作的经济收入、工作条件、地点等因素，更要考虑到自身素质，考虑到职业是否适合自己的性格和处世态度、是否有发展潜力，以一种发展的眼光来检查这项职业能否帮助其实现自我价值。因此，大学生要在考察社会需要的基础上，树立自我发展、自我创新的职业价值观。对那些虽然现在工作条件比较差，但发展空间较大，并能让自己充分发挥作用的单位要优先考虑；对于那些现在经济发展水平不太高，但发展潜力大的、创业机会多的工作也要重视。

总之，不要盲目选择一些表面上看来不错但却不适合自己、自己的才能不能得到有效发挥的单位。与其将来后悔，还不如现在就改变自己的职业观，用强调将自我、社会与职业的发展结合起来的职业生涯发展观来取而代之。研究发现，职业生涯规划的发展观在很大程度上决定了大学生的就业质量。在同等条件下，以注重个人的发展为主旨的职业生涯规划可帮助有些大学生顺利地找到工作，并且工作相对好一些。

因此，大学生必须加强自我的职业生涯发展意识，并运用有关职业设计的理论和方法比较明确地规划事业与人生的发展方向。这不仅有利于当前的职业选择，而且更有利于将来的职业发展和事业成功。

（二）以诚信为基础的准则

诚信是一个人立足于社会的基本要求。在人际交往中，失信者的假面具在没有被揭穿之前，也许能赢得别人的信任，但是任何人的失信行为终有被揭穿的那一天。正如美国总统林肯所说的那样：你虽然能在所有的时候欺骗某些人，也能在某些时候欺骗所有的人，但不能在所有的时候欺骗所有的人。诚信一直是中华民族的优秀传统美德，人们把它作为道德规范提到至高无上的地位；在西方社会，诚信也受到分外礼遇，人们把它与商业伦理紧密联系在一起。到了当代，诚信依然是社会保持持续发展的必要因素。美国学者希塞拉·鲍克说过："信任所产生的社会利益与我们吸入的空气和饮用的水一样，需要受到保护。当信任被损害时，整个社会都会吃苦头，当信任被毁灭时，社会就会动摇和崩溃。"诚信能促进人与人之间的沟通与合作，有助于形成一种令人安心的社会环境。从心理学角度而言，诚信是人寻求安全感所需要的基本品质，人的本性在于社会性，人与人之间通过相互的责任和义务产生社会关系。虽然人不可能生来就具有诚信的美德，但社会却以诚信之网罩住了每个刚刚出生的人，使其具有诚信的潜在品格。

伴随着社会主义市场经济体系的确立，我国大学生就业从传统的计划分配转入"双向选择，自主择业"，成功实现"软着陆"，应运而生的是我国高校毕业生就业形势日趋严峻。这种转型必将使大学生面临巨大的考验，整个社会也处于一种不太稳定的过渡状态，大学生出现比较大的思想波动和浮躁的情绪。在巨大的压力面前，大学生也开始学习包装自己、推荐自己，进行合理的职业规划。大学生的主动出击展示了当代天之骄子的飒爽英姿，不过其中也出现了一些不和谐的地方，如虚假包装、频繁跳槽等失信行为。这种欺骗行为即使暂时得逞，在以后的职业生涯中也会暴露出真实面目。

1. 虚假包装会丧失企业、单位的信任

目前，有些大学生编造各种虚假的荣誉证书、资格证和学习成绩，杜撰子

虚乌有的社会实践活动和学生干部履历，将自己的所学专业，综合素质和特长进行夸张的装饰，在此基础上开始自己的职业生涯规划。少数大学生缺乏诚信品质的行为会给日益严峻的就业环境造成严重污染。表面看来，少数高校毕业生进行虚假包装只是个人行为，最后也只能自食其果，但用人单位会对其所在学校产生一种本能的排斥感，该校在社会上的名声就会大受影响，同届和随后几届的毕业生都会深受其害。更进一步看，用人单位对整个高校毕业生都会产生一种不信任感，对所有大学生心存疑虑，对大学生就业市场产生巨大的冲击。大学生在就业市场上就可能由原来的优势群体转变为新的弱势群体。同时这种失信行为也会对失信者本人产生长期的消极影响。虽然他们有可能瞒天过海，蒙混过关，但其内心深处不可避免地出现负罪感，使自己时常承受着痛苦的折磨。一旦造假者被揭发出来，立即会被扫地出门，从此他的职业生涯将荆棘密布，人品大打折扣，社会声望也会一落千丈。他重新起步时心里也会有永远的阴影。

除此之外，大学生就业失信不仅加大了学校的培养成本，而且增加了用人单位的招聘成本和大学生自身的就业成本。为了增强用人单位的信任感，高校不得不在日常教育管理和对外宣传上增加投入，如建立并健全诚信档案和学生信用网上查询系统等；而用人单位为了确保引进的人才不是“水货”，要对大学生通过种种途径反复、仔细地核实，如进行实地调查，外围调查，有的单位更是煞费苦心，建立一整套电子防伪系统。而对大学生来说，身边的“李鬼”不经意间也对自己的求职构成了严重威胁。为了重树形象，绝大多数学生不惜花重金证明自己的清白。

因此，大学生为了保护自身的就业优势，一定要致力于营造良好的诚信环境。正如马克思所说的那样：“既然人的性格是由环境造成的，那就应该使环境成为合乎人性的环境；既然人天生就是社会的生物，那他就只有在社会中才能发展自己真正的天性，而对于他的天性的力量的判断，也不应以单个个人的力量为准绳，而应以整个社会的力量为准绳。”总之，减少乃至消灭大学生职业规划中的失信行为，不仅有利于大学生自身的就业和发展，也会对全社会形成良好的诚实风气起到引导作用。这是一个需要全社会共同努力的系统工程。

2. 频频跳槽不利于个人的发展

一个人对工作的态度，往往比专业知识、经验更为重要。只有对工作全面认同、积极投入才可能干出一番事业。现在的年轻人很容易犯这么一种错误：一边工作，一边找工作，对工作不是全身心地投入。一个人的第一份、第二份工作也许不能与自己的能力和素质形成很好匹配，他完全可以再寻找自己理想中的工作。而一旦找到了一个比较适合自己的工作，就应该拿出与企业风雨同舟的精神，全力以赴。在经济快速、平稳发展的时期，不乏有一些企业拿着更好的薪资、职位来挖人才，而有一些人也把跳槽作为快速发展的捷径，因为每一次跳槽都可能在薪资、职务上得到提升。虽然这是市场经济条件下每个人的个人行为，但一个人必须有长远的考虑，不能只顾眼前的利益。频频跳槽的人，虽然他们中也有成功者，但失败者占绝大多数。其实道理很简单，在风平浪静的时候，无论你怎么跳，你都可以站稳脚跟；而一旦情况发生了变化，如公司业务发展遇到了困难，需要缩减员工时，作为公司的管理者，会选择让谁留下？毫无疑问，要留忠心耿耿的，留与企业一起风雨同舟的，这时第一个牺牲的也许就是那些跳来跳去的人。

经济的发展不会永远是一条向上的直线，它会有波浪和起伏。在经济平稳的时候，一定要好好把握机会，不要把精力放在换公司走捷径上。虽然我们也承认市场“利益驱动”的冷酷性，我们也理解“人往高处走”的现实性，但是我们不能太急功近利，太无视“择业道德”和“职业道德”。在人力资源充分实现市场配置的今天，跳槽受到法规的保护，但是大学生千万不能为了所谓的增加阅历而跳槽，更不能为了眼前的利益而不顾自己的长期发展目标。对事业的专一与对企业的忠诚不论在什么经济形态下，都是会受到普遍欢迎的，这是大势所趋。

（三）以变化做调整的准则

大学生的职业生涯规划不可能一次完成，需要在实践中随着自身素质和社会发展的变化做出相应的调整。我们知道，大学生的职业生涯规划应贯穿于大学学习生活的始终。人的职业兴趣、能力的提高是个长期的、连续的发展过程，职业选择不是在面临择业时才有的单一事件，而是一个发展过程，因而职业生涯规划应是一个长期的、系统的工作。从发展心理学的角度看，人的童年时期就孕育了职业选择的萌芽，随着年龄、资历、教育等因素的变化，人们职业选择的态度、期望、兴趣也会发生变化。发展性职业指导理论认为，职业发展如同人的生理和心理发展一样，可以分为几个连续的发展阶段，每个阶段都有一定的特征和发展任务，如果前一阶段的职业发展任务不能很好地完成，就会影响后一阶段的职业人生任务，导致职业选择时遇到障碍。

而大学阶段是职业生涯的预备期，从大的范围来说，大学生的职业生涯规划应注重在大学期间的职业生涯的准备工作。因此，为使职业生涯坚实有力，大学生需要构筑四个支柱：

1. 学会学习

学会学习是学习能力的表征，包括认知、理解、消化吸收能力、知识系统化的能力、掌握广泛的普通的知识与深入研究少数学科相结合的能力。尤其是掌握学习的方法，同日益形成的学习型组织、学习化社会相适应，以便从终身学习中获取种种发展机会。

2. 学会做事

学会做事是职业适应能力的表征。如何使学习与未来的工作相适应？学会做事的含义已经不像过去那样简单地被理解为就是学会适应某一特定的工作，而应是适应职业的流动和自主创业。

3. 学会共同生活

学会共同生活是现代社会人们的素质特点之一，合作是现代人的广泛性要求。

现代人必须具有情感同化的态度和意识，认识自己，接纳他人，合作共处。在全球化迅速发展的背景下，更要懂得人类的多样性和相互依存性，要具有向异性开放的能力以及应对人与人之间、群体之间不可避免地出现的紧张关系的能力。

（四）学会生存

学会生存是前三种学习成果的主要表现形式。个体要有适应与改造自身环境的能力。职业生活是生存的手段和实现价值追求的途径，而生存能力发展的各个阶段又是与人格的不断成熟相一致的，所以要充分发展自己的人格、发展个性，并以不断增强的自主性、判断力和个人责任感来指导行动。

迈出校门之后，如果你发现自己所从事的职业一直没有成功的希望，那么你就应该反思一下：就自己的兴趣、能力来说，自己是否走错了路？这项职业是否发挥了自己的才干？一旦发现原来的职业生涯规划不适合现在的自己，那就不要再浪费时间，应当马上重新制订职业生涯规划，另外寻找一片沃土。当然，在你重新确定目标，改变航向之前，一定要慎重考虑，不要仓促行事，以免落得一事无成的下场。虽然从头再来会比别人多一些困难，但仍然有东山再起的希望，比那些死守一个不适合自己的职业，浑浑噩噩一辈子的保守者要幸运。只要找到正确的职业方向，你会感到自己的生活和思想都焕然一新，充满希望和斗志，信心十足。这种聪明的做法并不是一种失信的行为，而恰恰是求职的大学生责任心强的体现，既对个人发展负责也能创造最佳社会效益。在以上准则基础上规划、设计的职业一定会是适合大学生的理想职业，它有益于个人内在素质的提升及个人的不断进步。其实我们应该把自己的职业当作一种广博的学问，正是在工作中我们学会了如何待人接物、如何发展自己以及怎样为人处世。可以说，大学生的职业生涯规划是描绘美好未来的开始！

二、大学生职业生涯规划的要点

（一）明确职业生涯规划的目的

职业生涯规划的目的绝不只是协助个人达到及实现个人目标，更重要的是帮助个人真正了解自己，并且进一步详细估量内外在环境的优势和限制，在“衡外情，量己力”的情形下设计出合理可行的职业生涯发展方向。

（二）遵循职业生涯规划的基本步骤

职业生涯规划基本上可以分为觉醒、确立目标、职业生涯策略、职业生涯评估四个步骤

1. 觉醒

设计者必须充分而且正确地认识到自己本身的条件、相关环境，对自己本身及环境的深层次有所了解，并以此作为设定职业生涯及目标的基础。对自我和环境的了解越透彻，越能做好职业生涯设计。立志做医生的学生，可能不是很了解这项工作以及从事这份工作要付出的代价；同样地，梦想成为歌星的学生，也可能不知道歌星要具备的条件及如何努力，这就需要有一个了解的过程。

2. 确立目标

立定志向可以成为追求成功的驱动力，主要是因为立下目标有助于排除不必要的犹豫，可全心致力于目标的实现。

3. 职业生涯策略

它是指为实现职业生涯目标制订的行动计划，一般都是具体的、可行性较强的。

4. 职业生涯策略评估

职业生涯的策略评估可以通过工作及非工作来评估，评估的结果除了可以用来检验策略方案是否恰当，作为自我修订的依据外，还可作为下一轮职业生涯设计的参考依据。

（三）设定职业生涯目标

职业生涯目标的确定，包括人生目标、长期目标、中期目标与短期目标的

确定，它们分别与人生规划、长期规划、中期规划和短期规划相对应。一般来说，我们首先要根据个人的专业、性格、气质、价值观，以及社会的发展趋势来确定自己的人生目标和长期目标，然后再把人生目标和长期目标进行分化，根据个人的经历和所处的组织环境制订相应的中期目标和短期目标。我们大多数人都会认为对自己有足够的了解，但许多错误的职业生涯抉择就是因为对自己认识不清。职业生涯设计的目的即是要通过对以往成长经验的反思，评估自己的价值。这可以通过专家来协助，这个反思主要有以下几点：自己喜欢的工作到底是什么？自己的专长是什么？对自己来说，现在所从事工作的重要性是什么？家庭对自己的重要性是什么？有哪些机会可供选择？与工作有关的其他考虑是什么？有效的职业生涯设计，来自当事人在设定职业生涯前，全方位地分析自身的优势、弱点、机会和威胁。

（四）注重职业生涯规划的条件分析

只是了解职业生涯规划的程序内容，并不能帮助我们开创有效的职业生涯，最重要的是要符合以下几项条件：有效的职业生涯规划需要对自己及所处环境有充分的了解；有效的职业生涯规划需要切合实际的目标，包括个人的价值、兴趣、能力及期望的生活形态；有效的职业生涯规划需要执行适宜的职业生涯策略；有效的职业生涯规划最重要的是要不停地反馈并且修正职业生涯目标，以适应环境的改变。

（五）要不间断地审视个人资本与不足

“历史不能假设，过去不能重来。”在人生道路上回头的代价是很高的，除了“盛年不重来”之外，日趋专业的职业分工，也使得职业生涯规划的成本越来越高。因此，需要通过具有前瞻性的职业生涯规划，减少在人生道路上的徘徊犹豫，以免浪费时光。人是善变的，环境也是多变的。在职业生涯规划的过程中需要时时审视内外环境上的变化，并且调整自己前进的步伐。在新的时期，生活方式不断地推陈出新，除了学习新的技能及知识外，更要时时审视自己的不足，不断地修正自己的目标，才能立于不败之地。

第三节　大学生职业生涯规划的评估与调整

一、大学生职业生涯规划的评估

（一）评估职业发展的意义

1. 有助于实现生涯发展目标的准确性

生涯发展目标确立以后，就像是职业生涯里的一座灯塔，指引着一个人不断地走向成功。但是一个人一生的职业发展道路，就好比一张地图每一条分叉，会通向不同的目的地。而生涯发展评估就能不时地帮你确定位置和目标，帮你看清优势和险境，帮你决断，并提高实现生涯发展目标的准确性，让你一步一步走向成功。

2. 有助于把握生涯管理的时效性

职业生涯管理是个人和组织设计职业历程、促进职业发展等一系列活动的总和。它包含职业生涯的决策、设计和开发。在进行职业生涯规划时，随着时间的推移，一个人做出的一系列生涯发展决策，在不同的背景和环境下往往需要及时地进行职业发展评估。因此，一个人要在职业发展评估时既做到系统思考，又必须具备时间观念，使个人职业发展的各个阶段与行业发展、单位发展、社会发展的阶段相结合，具备时效性。

3. 有助于增强生涯管理的有效性

在人生的发展阶段中，由于社会环境的巨大变化和一些不确定性因素的存在，原来制订的职业生涯目标与规划会有所偏差，这时需要对职业生涯目标与规划进行评估，随后做出适当的调整，以更好地符合自身发展和社会发展的需要。通过对规划的目标、路径、方法是否可行，实现目标的步骤是否合理，个体的能力与规划是否匹配等职业发展情况进行评估，就能确保规划执行的可操作性。

（二）评估职业发展的方法

评估职业发展的方法较多，我们在此主要介绍三种常用的方法。

1. PPDF 法

PPDF 的英文全称是 Personal Performance Development File，翻译成中文就是个人职业生涯发展道路。当前，国外不少企业都依靠 PPDF 将所有员工的个人发展与企业的发展紧密地联系在一起，使自己的员工形成一种合力，并形成一个团队，为了单位的目标去努力，实现自我价值。作为一种极有效的人力资源开发方法，它为每个员工都设计了一条经过努力可以达到个人目标的道路，使员工明白只有公司发展了，个人的目标也就可以实现了。PPDF 实际上就是对一个员工工作经历的一种连续性的参考。它的设计使员工和他的主管领导，对该员工所取得的成就，以及员工将来想做些什么有一个系统性了解。通过它既能指出员工现时的目标，也能指出员工将来的目标及可能达到的目标。它标示出，如果要达到这些目标，在某一阶段里你应具有什么样的能力、技术及其他条件，等等。同时，它还帮助你在实施行动时进行认真思考，看你是否非常明确这些目标，以及你应具备的能力和条件。在形式上，PPDF 是一本完整的手册。当你希望去达到某一个目标时，它为你提供了一个非常灵活的方案。PPDF 的主要内容包含个人情况、现在的行为、未来的发展三部分。

（1）个人情况

个人简历：包括个人的出生年月、出生地、部门、职务、现住址等。文化教育：初中以上的校名、地点、入学时间、主修专题、课题等；所修课程是否拿到学位，在学校负责过何种社会活动等。学历情况：填入所有的学历、取得的时间、考试时间、课题以及分数等。曾接受过的培训：曾受过何种与工作有关的培训（如在校、业余还是在职）、培训形式、开始时间等。工作经历：按顺序填写你以前工作过的单位名称、工种、工作地点等。

（2）现在的行为

应填写你现在的工作岗位、岗位职责等。现时行为管理文档：写上你现在的行为管理文档记录，可以在这里加一些注释。现时目标行为计划：设计一个目标，同时列出和此目标有关的专业、经历等。这个目标是有时限的，要考虑到成本、时间、质量和数量的记录。如果有什么问题，可以立刻同你的上司探讨解决方法。如果你有了现时目标，那么它是什么？怎样为每一个目标设定具体的期限？此处写出你和上司谈话的主要内容。

（3）未来的发展

职业目标：在今后的3~5年里，你准备在单位里做到什么位置？所需要的能力、知识：为了达到你的目标，你认为应该拥有哪些能力和经验？发展行动计划：为了获得这些能力、知识等，你准备采取哪些方法和实际行动？其中哪一种是最好、最有效的？谁负责这些行动？什么时间能完成？发展行动日志：此处填写发展行动计划的具体活动安排及所选用的培训方法。如听课、自学、所需日期、开始的时间、取得的成果等。这不仅仅是为了自己，也是为了了解工作、了解行为。同时，你还要对照自己的行为和经验等，写上你从中学到了什么。

将PPDF的所有项目都填好后，交给直接领导一份，自己留下一份。领导会找你，你要告诉他你想在什么时间内，以什么方式来达到你的目标。他会同你一起研究，分析其中的每一项，给你指出哪一个目标设计得太远，应该再近一点儿；哪一个目标设计得太近，可以将它往远处推一推；他也可能告诉你，在什么时候应该和电大、夜大等业余培训单位联系；也可能会亲自为你设计一个更适合你的方案。总之，不管怎样，你将单独和你相信的领导一同探讨你该如何发展、奋斗的问题。

2. 元认知法

元认知是约翰·弗拉维尔（John Flavel）于20世纪70年代提出的一个概念，就是对认知的认知。具体地说，是个体关于自己的认知过程的知识和调节这些过程的能力。元认知包括元认知知识、元认知体验和元认知监控三部分。元认知过程就是指导、调节人们的认知过程，选择有效认知策略的控制执行过程，实质是对认知活动的自我意识和自我调节。有时候我们通俗地称它为“第三只眼”。元认知在解决职业发展评估方面可细分为以下三点：

（1）职业发展评估元认知知识

职业发展评估元认知知识的储备至关重要，因为知识是基础，有了基础才谈得上用它来指导自己的行动。如果职业发展评估元认知知识准备不足，则会导致很多不良的职业发展心理。职业发展评估元认知知识包括职业知识、自我职业特征方面的知识、求职择业技巧方面的知识以及评估知识等。其中职业知识指一个人对社会职业的分类与性质、职业的发展、职业工作素质、专业与相应职业的关系、职业发展前景等信息的了解和认识。自我职业特征方面的知识，是指一个人对自己所具备的职业能力、职业兴趣、职业理想、职业个性特征、职业发展潜能的认识与评价。

（2）职业发展评估元认知体验

职业发展评估元认知体验，是个体伴随职业发展认知活动而产生的认知体验或情感体验；有对职业发展评估元认知知识“知”与“不知”的体验；有职业发展顺利的体验，也有遭受挫折的体验；有达到了自己的预期职业发展目标而愉悦的情感体验，也有职业发展情况不理想而颓丧的体验。

（3）职业发展评估元认知监控

职业发展评估元认知监控，指个体在职业发展评估认知活动中，为了达到预定的目标，借助职业发展评估元认知体验，运用职业发展评估元认知知识对职业发展评估认知活动进行积极、自觉的监控和调节。职业发展评估元认知监控是职业发展评估元认知的核心，也是当代大学生为了达到良好的职业发展评估效果所必须学习、锻炼的核心素质，它在潜意识里左右着你的行为和情绪。

职业发展评估元认知监控具体包括：制订职业发展评估计划，实际控制自己的职业发展评估过程，及时检查结果，及时调整计划，并在偏离目标时及时补救。

在实际的职业发展评估认知活动中，职业发展评估元认知知识、职业发展评估元认知体验、职业发展评估元认知监控三者是相互联系、相互制约的。如职业发展评估元认知知识有助于职业发展评估元认知监控的实现，有助于人们自觉地监视、评价、选择、修正认知策略。职业发展评估元认知能力强的人，他们掌握了丰富的知识，能迅速提取这些知识并指导自己的行动，而且他们目标明确，不怕失败，善于从失败中吸取经验教训。

二、大学生职业生涯规划的调整

（一）调整的原因

1. 自身原因

一个人要进行职业发展调整，首先可能是因为他的自身条件发生了变化。例如当一个人的健康、个性、兴趣、负担、年龄，受教育程度等因素发生变化时，往往会使得其或主动或被动地进行职业发展调整。

2. 家庭原因

家人之间的关系变化、家庭的重大变故等也会相应对大学生的职业生涯产生影响，迫使其做出调整。

3. 社会原因

目前，我国正处于社会发展转型期，社会变迁、职业更换、就业压力、住房压力、经济压力使得现代人经常处于高度紧张状态，“忙”“累”“烦”成为人们的口头禅。

（二）调整的要点

调整的要点一般在于调整目标、调整策略和调整心态。

1. 调整目标

在这个世界上，通向成功的道路何止千万条，但你要记住：所有的道路，不是别人给的，而是你自己选择的结果。你有什么样的选择，也就有什么样的人生；你有什么样的职业选择，你就拥有什么样的职业生涯。你今天的现状是你几年前选择的结果，你今天的选择决定你几年后的职业状况。成功与失败者的区别在于，成功者选择了正确的方向，而失败者选择了错误的方向，因此我们经常能够看到一些基础相差无几的人由于选择了不同的方向，职业生涯截然不同。所以，当你在进行职业评估时发现了错误，首先就要考虑你的职业目标有没有问题，是否需要调整。

正确的选择是如此重要，然而你会发现现实生活中很多人面临选择的时候竟然会非常草率。几乎没有人会认为自己是错误的，没有人会故意做出一个不利于自己的决定。他们之所以选错，往往是由于不懂得如何选择。例如，很多人在设定职业发展目标时喜欢用挣钱的多少来衡量是否成功。其实真正成功的职业人士，即使在他们职业生涯的早期，也没有单纯地考虑金钱而是更多地追求自己的梦想，他们只按照自己的价值观去发展，应该说，这样的人反而会成功，金钱只是职业发展所带来的副产品。当你按照自己的梦想去追求而后成功，所有美好的东西都会朝你涌来，包括金钱。很多人认为自己无法了解自己到底适合做什么工作，只好换来换去，希望能在过程中找到自己的兴趣所在，但许多年过去了，仍然很迷惑。所以我们要记住，方向比速度更重要，在没有明确方向和目标以前，单纯地谈速度是没有太大意义的，甚至有时等待优于行动。没有明确选择的行动就是我们平时所说的瞎折腾，瞎折腾的结果就是无序并导致无效。

2. 调整策略

一般来说，制订出一个好的计划是职业成功的关键因素，但更重要的在于其能具体实施并取得成效。职业生涯规划是一个长期的过程，在实行过程中，目标计划随时都有可能受到各方面因素的影响。这一点，每个人都应该做好充分的心理准备。我们在进行职业发展设计时，要尽可能地从不同的角度思考实现目标的办法。当方案一不能很好地实现目标时，我们可以拿出方案二，甚至方案三。因此，当评估发现原来的策略收效不理想时，我们最好去尝试使用其他的一些职业发展策略，而不要在已经证明效果不佳的老路上一条道走到黑。此外，在遇到突发因素、不良影响时，要注意保持清醒冷静的头脑，不仅要及时面对、分析所遇问题，更应快速果断地拿出新的应对方案，对所发生的事情，能挽救的尽量挽救，不能挽救的要积极采取措施，争取矫正到最好。我们可以先认真地分析自己的条件、知识结构等，再结合单位的实际制订出一个适合自己的新的职业生涯发展策略。短期的规划调整要多注重组织环境的分析，多评价内部的那些短期发展的机会；长期规划要多从社会环境的分析、本人情况认知、长期发展的机会等角度来进行。相信如此一来，即使将来的作为和目标相比有所偏差，也不至于相距太远。

3. 调整心态

当许多人面对职业发展的不顺利时，往往会产生心理上的阴影，甚至会形成心情越不好，工作越不开心，工效越差的恶性循环。这时就要及时调整好心态。在工作上，要善于通过分析单位目标、特点和战略来提高自己在单位的价值，然后推算如何才能为单位做出具体的贡献。一旦对现在的工作驾轻就熟，就要申请新的任务或迎接新的挑战。要不断为自己设定新的目标，并将你的成绩和进步记录在案，总结时就能对自己的工作情况一目了然；还可以通过在单位的积极表现，增加知名度，使自己成为核心成员；更可以在与人交往中多从好处和积极方面着想，微笑面对逆境，乐观战胜困难。多与人沟通，多交朋友，尤其多和精力充沛、充满活力的人相处，因为这些洋溢着生命活力的人会使人更多地感受到世界的光明和美好。

（三）调整的注意事项

调整的注意事项一般在于做好准备、完善自我、积极主动和创造机遇。

1. 做好准备

一个人如果经过职业发展评估，结论是需要进行改变的话，在开始调整之前一定要做好充分的准备。冒冒失失地进行职业调整将不会给你带来任何好的结果。要做好准备，要再一次确定自己的职业规划和职业定位。这时应充分评估当前自己的个人竞争力，结合职场的岗位要求和本身的工作适应度，找到一个自己能够且可以长期发展的新平台。要结合你的现有知识结构，去补充学习尚未掌握、新职业目标所必需的知识。获得的新知识将会成为你职业发展调整时一块有效的“敲门砖”和“垫脚石”。还要有充分的心理准备。要使自己明了职业发展调整是个人无法回避的，要积极地面对和解决问题，树立职业自信心，要相信“天生我材必有用”，总有一个职业岗位适合我、属于我。此外，要有体能准备。体能作为人体的物质基础，不仅提供活动能量，也影响人的精神状态。在激烈竞争的市场环境下，职业发展调整往往会使人起早贪黑、等车挤车，对体能的消耗是相当大的。没有良好的体能储备是很难招架的。最后，要有经费准备。职业发展调整时必然会产生一定的额外经费支出。特别是在就业形势严峻的情况下，更要根据自身条件，预算出经费，提前筹集，然后精打细算地用好这笔钱。以保证必要的费用开支。

2. 完善自我

每个人有着自己的性格，自己的习惯，自己的思维，自己的行为方式……每个人都有着不同的长处，也有着不同的短处、缺陷和不足。因此，如何发挥自身的长处，避免自身的短处，学会剖析自我的缺陷和不足，学会做一个受欢迎的人，不断充实和完善自我，是每个人所面临的一门必修课。要完善自己，就要有全面分析自己的能力，要全面看待自己的优势和弱势。只有在了解自己的前提下，才能够不断完善自己。可以尝试做到以下几点：抛弃自己本身的坏习惯和坏毛病；学会微笑，给人一张笑脸，微笑是一张通行证；学会积极地与人交往；不要试图控制你的朋友，更不要无端猜测别人；严于律己，宽以待人；不要妒忌别人；树立乐于助人，主动帮助别人的理念；等等。

总之，要明白完善自我是一个漫长的过程。完善之路与生活的轨道同步，它就在生活中。没有固定的终点，但每前进一步都是新的高度，每做出一次积极的选择，就为自我增添了一份光彩，并获得一份平静和快意。

3. 积极主动

积极主动是指在任何极端的环境里，人们总会拥有一种最后的自由，那就是选择自己的态度的自由。它是人类的天性。人性本质是主动而非被动的，人不仅能选择消极反应，更能主动创造有利环境。消极被动的人易被自然环境所左右，如在秋高气爽的时节里，就兴高采烈；在阴霾晦暗的日子，就无精打采。而积极主动的人，心中自有一片天地，天气的变化不会产生太大的作用，他自身的原则、价值观才是关键。如果认定工作第一，即使天气再坏，依然不改敬业精神。当然，采取主动并不表示要强出头、富有侵略性或无视他人的反应，只是不逃避为自己开创前途的责任，并且反应更为敏锐，更为理智，能够把握问题的症结所在。所以说，要采取主动，就不要经常说一些推诿责任的话，如“我办不到”“我就是这样”（仿佛是说：这辈子注定改不了）“他使我怒不可遏”（意味着：责任不在我，是外力控制了我的情绪）“办不到，我根本没时间”（又是外力控制了我）“要是某人的脾气好一点”（意思是：别人的行为会影响我的效率）“我不得不如此”（意味着：迫于环境或他人），因为这往往会强化宿命论，说者一遍遍被自己洗脑，变得更加自怨自艾，总怪罪别人的不是及环境恶劣，这很不应该。积极主动还代表着人必须为自己负责。责任感是一个很重要的观念，能够积极主动的人深谙其理，因此不会把自己的行为归咎于环境或他人。他们待人接物是根据自身原则或价值观做有意识的抉择，而非全凭对外界环境的感觉来行事。在职场中，没有人比你更在乎你自己的事业，没有什么东西像积极主动的态度一样更能体现你自己的独立人格。在今天的市场竞争中，单位的发展最终靠的是全体人员积极性、主动性，创造性发挥。因此，单位所渴求的人才不只是一个具有专业知识，埋头苦干的人，而更需要的是积极主动、充满热情、灵活自信的人。一个合格的员工不只是被动地等待别人告诉自己应该做什么，而是应该主动去了解自己要做什么，并且认真地去规划，然后全力以赴地去完成。

4. 创造机遇

机遇不是等来的，而是需要我们去创造，要创造机遇，首先就要注意自身修养。良好的修养、高雅的举止、诚实的品格、善于与人相处和交流、良好的心理素质，这些随时随地都在为你塑造品牌形象，也在为你制造机遇，直达成功。

善待工作。每个人都可以为自己创造机遇，创造机遇并不是要刻意地去做什么，而是做好你应该做的一切，体现在每一件小事上。在面对日复一日的平常工作时，就像比尔·盖茨所说，把每一件琐细的工作都做得更出色，如果这样做了99件工作都没有出现机会，那就必须锲而不舍地做好第100件。坚持这样去做，就能给自己创造成功的机会。

创造机遇，就要到那种适合自己、机遇多的岗位和地方去。“人挪活，树挪死”，可以通过多次换岗位，找到最适合自己的职业。不可否认，机遇有一定的偶然性，不能守株待兔式地坐等。但是，机遇也绝非神龙见首不见尾，它是可以捕捉得到的。一旦有了机遇，决不能与其失之交臂。只有那些准备充分的有心人，那些充满自信的拼搏者才能把握住战机，使之完成质的飞跃

第七章 大学生职业生涯规划与创业教育融合发展

第一节 专业教育与大学生创业教育的融合

一、专业教育与创新创业教育融合的意义

专业教育与创新创业教育的融合有着重要的意义，这与国家高等人才培养的目标是一致的。

（一）增强学生的竞争能力

高等教育的改革要求是“工学结合、校企合作”，并且专业教育提倡创新教育和创造教育，所以将创新创业教育融入专业教育中，符合发展要求也顺应教育时代。深化的专业教育可以具体表现为创新创业教育。在经过创新创业教育的培养后，学生的交流能力和与他人合作的意识都会有所增强。当学生的创新能力和创造能力在创新创业教育的培养中被提高时，那么他们参加社会工作后，自身的竞争能力也会被大大提高。

（二）扩大学生的就业路径

现在高等院校的学生毕业后，就业问题越来越严重了，而自主创业应该是毕业生的不二选择。自主创业不仅会给创业者们带来可观的财富，同时可以缓解社会的就业压力。将创新创业教育融入专业教育后，学生会学到很多基本的

创业知识和技能，学生的创业竞争能力也会随着自身素质的培养过程而有所提高。在就业的过程中，具有企业家精神的学生就不会仅依赖于所在的企业生存下去。当他们发现自己所在的岗位并不适合自己的时候，还是会选择自主创业这条道路，而自主创业又可以解决其他毕业生的就业问题，如此即可进入良性循环的状态。

（三）提高院校持续的生存发展能力

由于经济受到全球一体化的影响，人才竞争成了各国相互之间最重要的竞争资源，所以在我国的人力资源需求上，除了原本必备的高素质专业型人才以外，现在更紧缺的是敢于开拓创新的创业型人才。为了能够满足人力资源市场的需求，各高等院校把创新创业教育逐渐融入专业教育中，在人才培养方面，也开始重视专业知识和专业技能的同时，着重培养高素质人才的创业精神和创业能力。在保证自身的持续生存和发展的基础上，高等院校也在以多种教育类型一起开展的模式，来应对越来越激烈的国际竞争。

二、专业教育与创新创业教育融合的有效路径

高等院校培养创新创业人才，将专业教育与创新创业教育融合可采用以下路径。

（一）优化人才培养方案

高等教育为了获得全面发展，需要将创业教育的培养方案融入专业教育的行列，做到高等人才在接受的培养过程中，创新创业教育与专业教育同步进行。创新创业教育能够和专业教育进行结构性融合的前提是，创业化教育的人才培养方案需要进一步优化。创业型人才的培养应该在高等教育中，获得与技能型人才培养的同等位置，在人才培养方案中要明确地列出创业精神和创业能力的培养规格，保证在专业教育的课堂上有创新创业教育的一席之地。

（二）深化课程体系改革

创新创业教育能否顺利地融入专业教育当中，课程体系的改革起到了决定性的作用。教务部门为了完成高技能人才的培养目标，会根据不同的专业要求来构建课程体系。创新创业教育课程体系的构建应该是按照学生的不同需求，开设不同岗位的培训课程，然后在不影响现有专业教育课程培训效果的前提下，把这些创业培训课程插入其中。在今后的社会发展进程中，为了使所培养的学生能以最快的速度适应社会的需求，并能创造出新的工作岗位，课程体系的改革重点将会放在培养学生创业精神和创业能力上。

（三）培养适合创新创业教育的师资力量

在创新创业教育融入专业教育的过程中，师资力量的投入是关键环节。只有适合创新创业教育的师资力量得到了校领导的重视，教师才逐渐开始培养学生的社会适应能力，当整合了校内有限的专业教师和创业教师的资源后，对于学校今后的发展和生存是非常有利的。如果教师的思想认识提高了，那么教师会重点培养学生的创业精神和理念，通过具体的实践课程把创新创业教育的任务融入专业教育的教学过程中，最终学生的创业意识就会提高。在教师资源培养方面，应该多为专业教师提供与企业家或创业成功人士相互沟通交流的机会，从实践活动中体会开展创新创业教育的理论和方法，由此来壮大创新创业教育的教师队伍。经过一段时间的摸索和实践后，专业教师掌握了一定的教学经验，就可以把创新创业教育的知识融入专业知识的课堂中，高等院校的学生接受了这样的教育内容后，自身的创业意识或者社会竞争能力就在无形当中被提高了。

（四）开展创业实践活动

创新创业教育的教学工作，需要与社会生产实践相结合，在校内加强培养学生的专业知识和技能的同时，校外应该建设相应的创业实训基地，来开展创业实践活动。另外，创新创业教育的教师应该把企业的业务流程带到教育课题中，与学生一起制订实训计划，通过实际的锻炼过程，让学生体会创业相关工作。当学生参与社会实践活动时，他们更愿意关注一些典型的创业案例和创业成功人士的经历经验，受到大量的鼓舞后，自己的创业热情就会被激发。其实，现在有的学生已经开始尝试项目代理或开创网店，通过简单的创业体验，逐步去实现自己未来的创业梦想。

（五）营造校园文化氛围

高等院校里的校园文化氛围始终影响着学生们的思想观念和行为方式，浓郁的创新创业文化氛围会很好地引导学生们朝着创业的方向发展。所以，学校应该发动全校师生多组织一些技能比赛或社团活动，同时在学校的宣传报道方面给以相应的支持，并对表现突出和成绩优秀的学生进行嘉奖表扬，用以鼓励更多的学生参与到这些有关创新创业的活动当中。营造出良好的文化氛围，有利于学生树立坚定的创业观念，也可以在这些实践活动当中促进创新创业教育与专业教育的融合。

（六）建立新的考核评价体系

为了保证创新创业教育顺利地融入专业教育，高等院校应该考虑调整传统的考核评价体系，新的考核评价体系不仅要对教师进行考核评价，同时也应该考虑对学生提出考核评价的标准。要把教师的教学内容以及培养学生创业精神的相关工作等纳入考核评价中，同时制定鼓励性的教育政策，当教师的评聘和报酬等问题与考核体系挂钩后，教师参与创新创业教育的积极性就很好地调动起来。当然，对学生的考核评价也要建立健全，学生日常训练的成绩和他们参加实践活动的时间，可以很好地反映出技能水平和创业能力的高低。为了提高学生的创业能力，更好地鼓励他们积极参与创新创业教育活动，创新创业教育的考评制度中，与学生的奖学金申请和优秀评测标准相结合，这不失为一条良策。综上所述，专业教育与创新创业教育的融合，非常有利于高等教育的发展。为此，需要我们发动学校和社会，共同制定长远的教育策略，为培养出更多的有用人才，来推动两者共同建立我国的教育事业。

随着我国高等教育对职业教育的重视，中国高等职业教育在近年得到了迅猛的发展，许多高等院校蓬勃发展，设置了针对市场和社会发展的专业，培养出大批社会需要的人才，也得到社会的充分肯定。但高等职业教育在自身发展的过程中也面临着诸多问题，这其中就包括学生创业能力的培养问题。如何保证和提高教育质量，提高学生的创业能力，实现职业教育与创新创业教育的深度融合，促进高等教育的健康持续发展，已成为高等教育面临的现实而具体的问题。

（七）高等院校创新创业教育与专业教育深度融合的途径

在教学实践中，高等院校不断地总结摸索创新创业的方法、路径，在总结高等院校创新创业教育与专业教育融合存在问题的基础上，可以寻找解决融合的途径。

1. 领导层重视

这里的领导层指高等院校的党委常委。一所高等院校只有从领导开始重视创新创业教育，把创新创业教育的工作当作学院教学工作的重点来抓，才能引导学院教学工作的方向围绕创新创业教育来开展。首先从思想层面重视，领导要在学院全体教学大会上反复强调在高等院校开展创新创业教育的重要性；其次在行动上落实，领导要求学院各管理部门把创新创业教育的工作落到实处；最后注重结果监察，领导对学院开展创新创业教育的情况要进行监督、考察。

2. 师资队伍的建设

学院开展创新创业教育就需要有创业经历的教师，才能培养有创业能力的学生。因此，学院人事处要把好师资队伍建设这一关。在学院专任教师的培养上要顶岗实践的要求，注重培养专任教师的实践经验。对兼职教师和外聘教师，要选择企业、行业的优秀人才，对他们进行教学的培养，使他们能够把企业行业的工作经验和本人的教学能力结合起来，更好地培养学生的创业能力。

3. 教学管理层推进

教学管理层主要指学院教务处，一般学院的教学都是由教务处管理的。教务处负责规划设计学院整体的人才培养方案，要把专业教育与创新创业教育的融合教学方案纳入学院的人才培养方案中。同时，要求各系部在教学规划中要有专业教育与创新创业教育融合的计划和安排，并定期检查方案的实施进度与实施结果。最后通过第三方对学院毕业生的跟进，调查学院对学生专业教育与创新创业教育的融合开展是否得当，学生是否具有了一定的创业能力，以此来修改和调整学院专业教育与创新创业教育融合的计划。

4. 教学层面的设计

各系部要深化教学中专业教育与创新创业教育的融合，具体体现在深化教学内容和课程体系的改革上。要求各学科教师在基础课程、专业课程中都要写进创新创业教育的内容，要思考如何从本学科创新创业教育的方面进行教案的编写和备课，从而在授课中更好地从本学科创新创业教育的方面引导学生，使创新创业教育渗透到学生的心里，从各方面培养学生的创业意识和创业能力。同时要开展一定学时的创业实践活动，提高学生的创业实践能力，真正实现对学生创业能力的培养，完成专业教育与创新创业教育的深度融合。

5. 人才培养过程监控

学院要建立人才培养的监控体系，比如督导室等，主要负责创新创业教育教学计划和教学工作的落实。系部要坚持领导、教研室听课以及教师相互听课制度，以便及时深入地了解和研究教学工作中有关专业教育与创新创业教育融合开展的新情况、新问题，并提出解决方案。成立以系领导为组长的教学质量督查小组，亲自抓教学质量。要把教学工作检查作为主要的日常工作，安排不定期的教学课堂巡查，系领导要经常深入了解教学第一线创新创业教育的调查研究，发现问题及时提出改进思路和措施。

6. 培养质量反馈

按照教学计划完成了创新创业教育的过程之后，可以请第三方单位对学院毕业生在企业、事业单位工作中的创新创业能力进行调查。学院收集反馈数据后，要交予学院质量监控办公室分析，找出学院在开展职业教育与创新创业教育人才培养方案中存在的问题，并及时由学院教务处研究调整人才培养方案，同时联系学院各系部，由系部讨论制订教师的授课计划和实践方案。通过一整套的方案调整，及时改进专业教育与创新创业教育的实施措施，以保障学院学生创业能力的提升。

总之，高等院校创新创业教育要更好地开展，就要真正实现创业教育与专业教育的深度融合。

三、专业教育与创新创业教育融合发展对学校师资队伍的要求

创新创业教育对学校的师资队伍提出的要求与传统的专业教育有很大不同，它主要是通过教授学生创新创业知识，来培育学生的创新创业精神。创新创业教育过程中，教师要做到以学生为中心，在不同的学习环境里，自己以组织者或指导者的身份来帮助和促进学生发挥其主动积极性，使得学生能灵活掌握和运用所学的知识。多层面人才培养目标和多层次创业课程体系对高等院校的教师提出了新的要求。教师既要有专业基础知识还要有在企业工作的经历与经验，配置师资的多元化才能适应多层次的创业课程体系要求。多元化的师资队伍要求师资来源的多元化和师资教育技能的多元化。

（一）多元化需求下的“双师型”师资队伍建设

由于高等院校发展对多元化教师的需求，教育部在《高等职业院校人才培养工作评估方案》中提出高等院校要建设一支“双师型”的师资队伍。对高等院校“双师型”教师的数量提出了要求，其中“优秀学校”专业基础课和专业课教师中“双师型”教师比例要达到70%；合格学校应达到50%。显然，目前

许多高等院校“双师型”教师的比例与教育部要求的比例存在着较大的差距。因此，加强“双师型”教师队伍的建设是各高等院校教师队伍建设的一项重要而紧迫的任务。

近年来，高等院校根据专业建设和人才培养需要，引进与培养并举，深入推进教师队伍建设。通过专业教师进企业实践、与企业联合项目研发等途径，双师素质教师的数量与质量均得到了明显提高；通过聘用企业技术、管理骨干或能工巧匠等途径扩大了兼职教师队伍；通过专业带头人业务培训、骨干教师校本培训，提升专任教师的职教理念和职教理论水平；通过鼓励考研考博、科技创新等途径，教师的学历层次、职称结构也有大幅提升。经过几年的建设，高等院校师资队伍建设初显成效，师资队伍的数量、质量和结构均有了较大变化，为高等院校人才培养、专业建设、教学研究、社会服务提供了有力的人力资源保障。

高等院校师资队伍建设虽然取得一定成效，但与教育部关于高等院校内涵建设的可持续发展要求和省示范院校的要求还存在差距。主要表现为高级职称教师比例偏低；“双师型”教师的比例和兼职教师的质量与国家、省示范院校建设标准还存在一定的差距；高水平的专业带头人还不足；教师实践教学能力有待进一步提高，尤其近几年新引进的年轻教师，缺乏实践工作经验和专业实践技能；师资队伍激励机制有待进一步完善；人事制度的改革有待进一步深化。高等院校现有的师资队伍的数量和质量，都不能满足创新创业教育的需求，具体分析可以看出以下几个问题。创新创业教育教师不具备专业的教学资格。由专业教育转入创新创业教育的教师，没有创业的实践经验，给学生教授的创业课程缺乏针对性，所能做出的指导仅限于对创新创业教育理论上的基础研究。高等院校对教师的职业化程度规划不够。创新创业教育是由高等院校的指导部门负责开展工作，创新创业教育的教师没有具体的归属部门管理，甚至创新创业教育的专业教师的发展计划并没有纳入师资队伍的整体规划中。现有的教育管理机制中，不存在鼓励教师从事创新创业教育的条例。创新创业教育专家化的教师应当具备社会学和管理学等各方面的专业知识，而高等院校的专业教师虽然有崇高的敬业精神，但是对专业知识的掌握相对较少，而学校对教师的培养和激励又跟不上，所以导致了创新创业教育的教师很难成为专家化的教育人才，所处的教育环境也不利于创新创业教育的实施。因此，建设强有力的创新创业教育师资力量，对于培养高等创新创业人才至关重要。高等院校的教育实施相对比较灵活，短时间内也可以培育出一批社会需要的职业人才，具有集高等教育和职业教育于一身的特点。

（二）“双师型”教师队伍建设

按照这些高等院校人才队伍建设规划等文件精神，根据创新创业教育指导，要培养高素质技术技能型人才对师资队伍的要求，高等院校应全面贯彻落实教师成长理念，搞好“双师型”师资队伍的建设。结合职业教育教师培养的实践，可以从以下培养步骤实现教师多元化来源，培养创业教师逐步成长：以教师成长平台体系为依托；以培养专业带头人为突破；以培养骨干教师为抓手；以协同培养兼职教师为策略；以校内外双师素质教师培养为核心，做好校内专业教师双师素质提升、兼职教师的聘任与培养。不断调整优化师资结构，创新教师队伍教育管理机制，坚持培养与引进并重、能力培养与学历学位提高并重。通过校企互动，建设一支结构合理、素质优良的“双师型”教师队伍，以适应高等创新创业教育发展的新要求，为实现高等院校教育事业发展目标提供人力资源保障。

（三）高等院校“双师型”师资队伍建设的策略

创新创业教育不仅是为了培养学生的就业和创业能力，它也要注重培养学生的职业道德和职业技能，因为创新创业教育是要面向社会，是为社会提供有用的人才。纵观我国高校的现有情况，创新创业教育体系的建设较为落后，虽然有些院校开展了创新创业教育课程，但是没能融合到专业教育课程中，仍旧处于独立的状态。处于形式化阶层的创新创业教育，离开了专业教育的课程，也不会培育出优秀的创业人才。造成这种现象的主要原因，就是缺乏强有力的“双师型”教师资源。为了将专业教育与创新创业教育有机结合，“双师型”师资队伍的建设对各高等院校来说特别重要。高等院校应该加强建设“双师型”师资队伍，实现师资来源的多元化和师资教育技能的多元化。按照创新创业教育目标要求，高等院校“双师型”师资队伍建设的培养模式有多种。

1. 以培养专业带头人为突破

（1）重视专业带头人的选拔与培养

制定高等学院专业带头人遴选与管理办法，选拔校内专业带头人进行重点培养，确保每个专业都有校内专业带头人；通过制度建设，强化对现有专业带头人和具备专业带头人培养条件的教师进行培养。所属部门每年提供专业带头人专业调研机会，有针对性地学习借鉴示范院校人才培养模式改革、校企合作、师资队伍建设等方面的办学理念和成功经验。

（2）加大专业带头人的引进力度

由于各高等学院师资队伍状况的不同，以及在专业和课程建设上对人才的需要也有所不同，所以人才引进机制在具体工作中，应该得到相应的规范和完善。通过调整人才引进的优惠政策，来拓宽引进渠道和加大引进力度。对于重点专业和特殊人才，应给予特殊的工作待遇，也可以使用破格录取的措施，来保证“双师型”专业人才对职业教育所作出的贡献。

（3）聘用与培养兼职专业带头人

规范行业企业兼职专业带头人的聘用，与校内专业带头人配合，实施校企互动的双专业带头人制。兼职专业带头人原则上须是行业企业有一定影响力的专家，在职业技术应用方面具有精湛的专业操作技术和开拓性业绩，得到同行认可。高等学院将制定优惠政策，聘用兼职专业带头人参与专业建设。

2. 以培养骨干教师为抓手

（1）确保骨干教师质量

具有双师素质，在本专业领域既具备扎实的基础理论功底，又有丰富的工作经验，这样的教师骨干对于高等院校的教师队伍是很重要的。所以，为了保证骨干教师的质量和数量，理应重点培养那些熟悉行业和企业动态又具有教学能力的教师，并且在固定的年限内对骨干教师进行选拔，提高每位老教师的工作积极性。

（2）提高骨干教师素质

通过选派骨干教师到职业教育发达国家或地区研修，学习先进的办学理念和职业教育理念、课程开发模式、教育教学方法和先进的技术，开阔他们的国际视野，提高他们的课程开发能力、专业水平和业务能力。通过组织骨干教师参加国内关于职业教育理念和教学能力提升的各类培训，学习新技术，并取得相应职业资格证书，积极参与社会服务和应用技术项目的开发。通过安排骨干教师到企业进行顶岗实践锻炼，在完成实践项目的基础上，通过实践周记、校企双重考核，强化岗位认知及专业技术能力的培养。

3. 协同培养兼职教师为辅助

（1）规范兼职教师的聘任与管理

进一步规范兼职教师聘任资格并逐步建立行业企业兼职教师教学档案；探索“校企双向互聘”机制，即企业向高等院校派出兼职教师，高等院校向企业派出访问工程师，以校企互动、协同共建的方式，稳定兼职教师来源；要积极与企业、行业联系，建立良好的合作关系，建立一支稳定的兼职教师队伍，聘请既有实践经验又能胜任教学任务的行业专家或生产第一线的技术能手承担高等院校实践教学任务，并对教学效果优秀者给予奖励。

（2）提高兼职教师承担专业课时的比例

充分利用合作企业人才资源，建立一支由各行业第一线高素质人员组成的相对稳定的兼职教师队伍，形成校企双方人员共享、高效灵活的用人机制。提高兼职教师承担专业课时的比例，兼职教师承担的专业课时比例应达到50%以上。以后逐学期递增。

(3) 提升兼职教师教育教学能力

强化对兼职教师的培养，全面提升兼职教师的教学水平。开展兼职教师教育教学能力的专项培训，包含教师职业道德、高等职业教育核心理念及教育学、心理学等课程的学习，不断提升兼职教师教育教学能力，发挥兼职教师在高等教育中的作用。

4. 以校内外“双师型”教师培养为核心

(1) 提升教师社会服务能力

高等院校应制定和完善“双师型”教师认证制度，加强专业教师双师素质的认定和管理。通过制定高等学院“双师型”教师队伍建设与管理办法，强化“双师型”教师建设的制度保障。要为专业教师申请“双师型”教师资格创造条件，在政策上给予倾斜。“双师型”教师认证制度是评价和认定“双师型”教师培养的标准。为了提高教师的社会服务能力，应根据行业、职业的实际情况和职业教育的发展，把科研、技术开发和技术服务、企业兼职和实践、实训基地和实验室建设、成熟的项目团队成员、职业资格认证等纳入教师“双师型”的认定要求中。建立校内“双师型”专业教师评价激励机制：一是提高“双师型”专业教师奖励性绩效工资水平；二是将“双师型”作为专业教师职务晋升、评优的必备指标；三是对专业教师参与社会实践、社会服务、挂职锻炼的时间和经费给予制度性保证。

(2) 提高教师实践能力

高等院校要制定学院教师顶岗实践管理办法，进一步明确专业教师到实训基地和企业锻炼的目标、考核办法及待遇等，使专任教师深入行业企业第一线实践制度化、规范化，为教师下企业实践锻炼提供制度保障。把具有两年以上专业相关、有社会企业工作年限的专任教师比例，作为部门工作目标任务的一项重要指标，并纳入对各二级学院、系、部绩效考核的内容。要求专业教师积极参加企业生产实践、应用技术研究项目、工程应用项目、开发应用项目、调查与对策研究项目，参加专业技能培训并考取高级技术（技能）等级证书，提高自身实践能力。

（3）建立“双师型”教师培养长效机制

借助教师成长系统，建立“双师型”专业教师继续教育的培训制度和“教师职业生涯规划”制度，把“双师型”提升纳入每一位教师的个人职业生涯规划，根据教师年龄、学历、经历等具体情况，制订继续教育培训计划，定期予以考核。鼓励教师组队承接企业项目，借助校企合作与企业联合培养专业教师，针对教师实际情况实行分类培养，对未具备“双师型”的教师要求5年内到企业顶岗实践两年以上，学院要积极派遣教师到企业顶岗锻炼。

（4）健全专任教师准入机制

应建立专任教师准入机制，落实高等学院人才引进管理办法，为学院的人才引进提供制度保障。在人才引进过程中，根据学院专业发展和师资队伍建设的需要，分批引进人才，通过向社会公开招聘、引进等方式，特别注重从生产一线引进学历层次高、实践经验丰富的专业技术人才，确保新进专业教师原则上具有3年以上企业工作经历，具备硕士以上学位或中级及以上职称，不断改善和优化专任教师队伍结构。通过各种努力，建设一支符合高等院校办学宗旨要求的“双师型”教师队伍。

（四）加强教师创新创业教育教学能力培养

党的十九大和十九届三中全会对高校创新创业教育工作做出了重要部署。深化高校创新创业教育改革，是国家实施创新驱动发展战略、促进经济提质增效升级的迫切需要，是推进高等教育综合改革、促进高校毕业生更高质量创业就业的重要举措。创新创业教育改革有利于推动高等教育教学改革创新，可以促进高等教育与科技、经济、社会紧密结合，能够加快培养规模宏大、富有创新精神、勇于投身实践的创新创业人才，并能为建设创新型国家提供强大的人才智力支撑。

1. 高等院校要明确教师创新创业教育责任

近年来，我国高校创新创业教育不断加强，取得了积极进展，对提高高等教育质量、促进学生全面发展、推动毕业生创业就业、服务国家现代化建设发挥了重要作用。但也存在一些不容忽视的突出问题，一些地方和高校重视不够，创新创业教育理念滞后，与专业教育结合不紧，与实践脱节；教师开展创新创业教育的意识和能力欠缺，教学方式方法单一，针对性实效性不强；实践平台短缺，指导帮扶不到位，创新创业教育体系亟待健全等。要解决这些问题，高等院校要明确全体教师创新创业教育责任，加强教师创新创业教育教学能力建设。

高等院校全体教师创新创业教育责任是，教师要以发展的眼光充分尊重学生的个性与差异，培养学生善于思考的良好习惯，鼓励学生的创新和创新行为，使其各有所长。教师还要创造机会，给学生提供展示个性能力的舞台，留给学生自由想象与发挥的空间和时间，调动学生求知的主动性和创造性。教师更要运用创新性的教学手段，开展有针对性训练与实践活动，激发学生创造性，促进学生全面发展。教师只有承认学生发展的多样性与差异性，才能充分调动学生的潜能；只有尊重学生的兴趣与个性发展，才能为学生创造更多的选择机会与空间，帮助学生将兴趣与专业相结合，让学生真正地热爱学习，最终为创新型人才的培养奠定基础。因此，学生创新创业教育能力的培养对教师创新创业的教学能力提出了一定的要求。

（1）对创新创业教学要有认识能力

教学认识能力包括对所教学科专业知识和教学思想、理论与规律的认识。教师的学科专业功底对其教学能力起着至关重要的作用，不学无术或少学乏术绝对难以成为好教师。因此，教师除了拥有较为丰富的学科专业知识和较高的专业科研水平之外，还要重视教学理论的研究与创新创业教学技能的培养，使自己努力成为所属领域中学有所成并仍十分活跃的学者、科学家、工程专家或艺术家。

(2) 对创新创业教学要有实践能力

教学的实践能力是教师教学的基本功，主要包括理解和处理教材的能力、了解和把握学生的能力、深刻理解和熟练掌握教学内容的能力、恰当选择或创造教学方法的能力、熟练教学操作的能力和良好的语言表达能力。在教学中，教师要善于通过组织教学实践活动，启发诱导学生创新创业的兴趣，集中学生注意力；教师对待创新创业教学自身要有熟练操作的能力；还要善于运用生动活泼、流畅通达、富于感情的语言，激发学生创新创业的热情，提高学生自学能力，启迪他们提出问题的创新思维，锤炼他们分析和解决问题的能力，增强教学的艺术性和感染力。

(3) 对创新创业教学要有研究能力

教学是一门学问和艺术，有它自身的性质和规律。教师要不断认真地学习，更要能在创新创业实践中坚持不懈地磨炼、研究、总结、升华，达到理论高度。学者未必是良师，教师的学科专业知识丰厚，并不意味着学生能从他那里学到渊博的知识。失去对学生的尊重与关注，缺乏对课堂的理解与把握，没有对教育理念与教学方法的研究与创造，教学就难以促进学生的全面发展，教师的教学能力与学术水平就难以提高。因此，教师自身对创新创业教学要不断地进行总结归纳，提高自身的研究能力。

2. 高等院校教师创新创业教育成长环境

教育部在《关于大力推进高等学校创新创业教育和大学生自主创业工作的意见》中，要求各高校把创新创业教育有效纳入专业教育、文化素质教育教学计划和学分体系当中，建立多层次、立体化的创新创业教育课程体系，国家各级高等院校都积极开展了这项工作。经过几年的实践证明，要建立科学系统的体系，没有一支结构完善合理的专业化师资队伍与之相匹配就无法真正发挥作用。因此，我们要培养高等院校创新创业教育的教师，这就需要有高等院校创新创业教育教师的成长环境。所谓创新创业环境是指开展创新创业活动的范围和领域，是创新创业者所处的境遇和情况，它是影响创新创业活动与各种因素、条件的总和。高等院校创新创业环境是纷繁复杂的，涉及政策与法律的革新、人文社会观念的转变、行业的发展情况、自然环境的突变、科学技术的迅速升级等因素。这些因素的变化，促成了高等院校创新创业环境的风险与生机。

（1）政府主导创新创业教育教师成长环境

众所周知，我国教育事业属于政府主导型，政府在教育发展和改革中扮演着重要角色，政府的指挥棒能调动学校领导、师生参与创新创业教育的热情。我国的高等院校创新创业教育起步多年尚未取得明显的效果，创新创业教育师资数量和质量的严重不足已成为主要的制约因素之一。政府要出台相应的政策，建立创新创业教育教师培养机制，为高等院校的教师提供创新创业教育成长环境。

成立创新创业教育师资培训机构，推进创新创业教育师资职业化的进程。通过专业化的培训，不仅可以培养一大批高校急需的创新创业教育师资，并且参加系统学习的教师要进行入职选拔考试，严把入口关，只有获得职业资格认证的，方能持证上岗，不断提高师资素质，增强其专业能力，优化和提高高等院校创新创业教育教师的从业标准，改善我国高等院校创新创业教育的整体水平，缩小与发达国家的差距。打通创新创业教育教师的成长通道，推进创新创业教育师资专业化的进程。一方面在部分高校开设创新创业管理方向的学位教育，打通创新创业教育教师学历教育通道；另一方面增加创新创业学术类职称系列，打通教师职业晋升通道。只有这样才能吸引更多的优秀教师参与、转入创新创业教育师资队伍。

（2）高校提供创新创业教师成长职业环境

高等院校创新创业教育实施的核心在于教师，高等院校应高度重视教师的培养，特别是年轻教师的培养，为创新创业教师的成长提供职业环境。

树立“双师型”教师培养理念，营造教师成长氛围。创新创业教育和高等教育都要求教师既懂理论也懂实践，创新创业教育理念下的高等院校师资队伍更应加快“双师型”建设的步伐，高等院校要在新引进教师编制、任职条件、职称评审、工资待遇、聘任政策等方面向“双师型”倾斜。同时要开通“双师型”教师培养渠道，让现有的教师进入企业从事生产管理及工程技术工作，切实提高实践能力。

建立教师培养激励机制，引领教师成长。第一，完善制度保障，激励教师投身创新创业教育。学校建立完整的创新创业教育课程体系并纳入人才培养的学分体系，另外对于教师从事创业团队指导等明确工作量计算标准，为鼓励教师投身创新创业教育形成制度保障。第二，积极鼓励教师开展创新创业实践活动，为教师参与企业咨询、研究活动、体验创业等提供便利。通过开展“产学研”实践项目，扶持教师带着自己设计或研发的项目去创业，增加其管理实践经验，培养一批“创业型学者”或“学者型企业家”。搭建教师锻炼平台，提升教师成长空间。创新创业教育完全融入高等教育还是一种新的教育方式，师资队伍的培养应本着边学习、边实践、边培养的原则，为教师搭建更多的实践平台。同时在实践的过程中不断地修改、完善创新创业教育与高等教育的融合。

(3) 内在动力驱动创新创业教师自身成长

创新创业教师的自身内在动力驱动教师个人成长。教师有了国家好的政治政策的大背景，有了学校提供的职业成长背景，来自教师自身主动成长的内在动力能驱动教师提高自身的综合素质。主动学习，勤练内功。一方面在创业理论方面应加强创业意识、创业准备、创业心理、创业风险、创业营销、初创期企业管理及财务管理等方面的知识学习。另一方面，加强岗位实践经验的积累，教师走向社会、走进企业、走入学生创业团队，在实践中提高自己。理论与实践相结合，不仅可以提高教师教学的自信心，还可以增强教学的针对性。参加创新创业培训，提高创新创业教育授课技巧。创新创业教育与传统的教育不同，创新创业教育的授课方式可以用“三多”和“三少”来概括，即：多一些互动参与，少一些抽象概念；多一些双向交流，少一些单向灌输；多一些热情行动，少一些乏味说教。鼓励教师参加多种创新创业师资培训，专门的创新创业培训项目都要求进行小班化教学，教师使用参与性的教学方法，突出学员的主体地位。

创新创业教育教师可参加培训，以此来提高自己的授课技巧。注重理论研究，提升成长空间。作为一名创新创业教育教师，不能仅仅成为“教书匠”，还应是一位“科研型教师”，通过理论研究学习国内外最前沿的相关知识，不断更新知识，更新观念，促使教师不断学习，不断“洗脑”，由此形成终身学习的能力。创新创业教育在我国发展历程不长，在高校的开展也是近年来的热潮，创新创业教育教师的成长需要国家、社会、学校的高度关注，更需要教师自身对创新创业教育的热爱。高等院校创新创业教育教师在成长过程中，还必须把知识的积累、技能的锻炼建立在高等人才培养目标基础上，唯有这样才能肩负创新创业人才培养的重任，学校也才能为国家经济建设大量输送具有创新创业精神的高素质技术技能型人才。

3. 高等院校创新创业教育教师的成长路径

教学能力是教师的思想素质与业务能力的综合体现，表现在教学活动的过程之中，并且通过一定的教学行为方式来体现。教学能力是在一定的教学思想、理念支配下，在掌握教学知识、教学技能的不断实践过程中形成的，包含教学的认识能力、实践能力和研究能力等相辅相成的本质要素。教师的教学能力是影响教学质量的决定性因素，现代教育以生为本、因材施教的教学理念，要求教师具有独特魅力的创新性教学能力，能针对学生情况选择适合的教学方法，又能区别学生个性给予特殊指导，以充分发挥学生个体优势与潜力，做到既能教又会教更爱教。高等院校教师创新创业教育教学能力的提高有多种途径。

（1）参加培训，汲取同类院校办学精华

国家、省市或学校每年都会开展各种类型的继续教育活动，定期举行各种相关的培训、讲座、研讨或是各种职业资格证书的考证培训，教师通过参加培训，能集中学习和了解到国内外最新最先进的教学理念、模式、内容、手段与方法；能结识许多高校的同行，利于会后时间相互交流与学习；还能感受到不同的校园文化，找出本校与同类院校的差距，提高教师自身综合素质和专业能力，更好地开展高等院校的创新创业教学活动，最终有利于个人教学能力的提升。参与合作，借助团队提高水平。高等院校为促进教师队伍的建设，一般都建立了教研室，把教学人员分成了不同专业团队，由团队来组织开展各类教学活动，教师要积极参与团队的创新创业教学活动，相互合作，使团队成为提高教学、科研能力和进行专业发展的良好平台。同时学院还提供了各种类型的顶岗实践平台、创新创业平台、经验交流学习平台、教学平台、企业与科研成果对接平台等，教师要借助于这些平台，提高创新创业的能力。可以依靠教研室的团队力量，开展定期集体备课、教学研讨、相互听课、举行公开课等活动，进而提高教学水平。

（2）请教学习，提高教学能力

高等院校各系部和各教研室都是不同的团队，各团队中都有开展创新创业教育工作的优秀团队，其他团队可以向优秀团队请教学习，组织与优秀团队之间开展经验的交流与互动，不断提高本团队的创新创业教育能力。一是学习他们热爱教学、心系学生的强烈事业心和责任感；二是学习他们为了掌握教学规律而肯投入的精神和善于投入的能力；三是学习他们对教学工作认真实践、精心研究、一丝不苟做事的扎实作风；四是学习他们注重教学创新，更重视学生创新意识和创新能力的培养；五是学习他们灵活高超的教学艺术。

（3）开展教研，提升教学水平

为了提高创新创业的教学能力，教师除了不断地进行教学实践与反思并总结积累经验外，还必须结合创新创业教学实际与发展的需要，开展创新创业教学改革和教学研究。随着当代科学文化技术与社会经济的迅猛发展，学校的教学理念、教学内容、模式、方法和手段都正在经历深刻的变革，虽然在宏观层面这些问题已有不少研究，但具体到学科专业教学方面，则存在大量的实际问题，有待探讨和研究，这正是教师锻炼与提高创新创业教学能力的好舞台。

(4) 自主学习，提高业务素质

要培养教师自主学习的能力。教师要不断学习专业新知识，与专业前沿保持同步，使大脑知识储备充足，讲课才能发散学生思维，联想性好，生动有趣。教师要借助互联网、国家精品课程网站或专业杂志等资源，学习国内外先进的教学理念、模式、方法与技术，把专业教育与创新创业教育有机地结合起来，在课题中实施。要加强师德建设，确立坚定的、崇高的师德信念，严于律己，全心全意投入教学之中。要坚持教学反思，对创新创业教育思想与实践及时进行评价、反馈与调节。

(5) 加强沟通，注重培养

现代教育理念强调，在教学中教师是主导，学生是主体，教师应主动接近学生，加强沟通，运用创新性教学手段充分调动学生学习的积极性和创造性，教会学生如何获取、掌握所需知识和信息的方法，培养学生创新性思维，注重学生综合素质的培养，真正做到“授人以渔”，成为学生学习的引导者。高等院校创新创业人才的培养离不开教师创新性教学能力的提高。教师创新性教学能力的提升，关键在于各级领导重视，能以科学发展观和正确的人才规划为导向，建立完善的教师培养机制，创设教师学习、实践和发展的平台，营造良好的发展环境，并充分调动教师学习、实践、反思和完善的积极性，开通高等院校创新创业教育教师的成长路径。

第二节　传统文化与大学生创新创业教育的创新融合

研究一种教育，必须研究产生它的文化基础。研究教育不研究文化，就只知表面形态不知本质特征。教育理念是文化的表征，也是文化的产物。文化传统是人类不可逾越的基础，对日后的透彻研究也是一个好参照，理论研究和实践工作者逐渐发现大学生群体的创新创业存在着很多与常理相悖的怪现象，这些现象的背后有着深刻的社会文化背景，无法用简单的因果关系来解释。创业与就业状况紧密联系，能就业则不创业，就业困难或待遇不高才会考虑创业，创业成了诸路皆走不通时的最后选择，甚至成了“穷则思变”“逼上梁山”的悲壮之举。为什么会出现这种现象？我认为更深层次的原因还在于中国传统文化心理结构的影响，只有站到文化基因的高度来审视和反思这些现象，才会找到最为切近的理解和最为本质的原因。

一、中国传统文化包含的优秀思想

必须站在战略性、全面性的方位思考中国传统文化，“不能把中国传统文化一概说成封建主义的。有些文化是有阶级背景的，有些则不受或不直接受阶级利益支配”。中华民族传统文化有许多精粹值得我们引以为豪。比如，“先天下之忧而忧后天下之乐而乐”的情怀，“不以物喜不以己悲”的处世之道，“我劝天公重抖擞，不拘一格降人才”的求贤若渴之情，“富贵不能淫，贫贱不能移，威武不能屈”的精神，等等，这些都是我国之国粹，值得继承和传扬下去。

（一）忧国忧民的爱国精神

经过千年的洗礼沉淀，精神是国人最为在乎和重视的“食粮”，正所谓酒肉穿肠过，一个人可以饿几顿，但是一刻也不能没有精神信念的支撑。而中国人生来就受到华夏文化的深深熏陶，团结、凝聚力、勤劳节俭、爱心等精粹精神成为国人的“精神食粮”。而其中爱国主义教育最受重视，资源也是极其充足，就像我们自上学起就学习思想品德这门课程，从小接受相关教育。从屈原的“长太息以掩涕兮，哀民生之多艰”到陆游的“王师北定中原日，家祭无忘告乃翁”，从张为的“向北望星提剑立，一生长为国家忧”到于谦的“一寸丹心图报国，两行清泪为思亲”，这一代代有抱负之人留下了他们满满的爱国情怀，为实现国家的繁荣昌盛，不惜抛头颅洒热血。真所谓肝脑涂地，在所不惜。满满的爱国之情及所付出的心血无人能及，值得我们长期学习且作为榜样为之奋斗下去。当然了，歌颂国家的优点毫无疑问是爱国，那么敢于揭示缺点更是爱国，会比歌颂更值得我们钦佩。因为在赞扬中不乏滥竽充数之人，为博眼球，故意而为之。对此，梁启超的分析相当一针见血，“有忧国者，有爱国者，爱国者语忧国者曰：汝曷为好言国民之所短？曰：吾惟忧之之故。忧国者语爱国者曰：汝曷为好言国民之所长？曰：吾惟爱之之故。忧国之言，使人作愤激之气，爱国之言，使人厉进取之心，此其所长也。忧国之言，使人堕颓放之志。爱国之言，使人生保守之思，此其所短也。”忧国忧民体现的是一种担当、一种情怀、一种格局，骨子里濡濡浸渍的是对国家和民族的真爱。

（二）日进日新的创新精神

中华民族素有积极进取的创新精神，早在3000年前，《诗经·大雅·文王》即曰：“周虽旧邦，其命维新。”其意是说周虽然是个古老的邦国，但到了文王能自新方能新民，建立新生的国家。《大学》中记载，汤之盘铭曰：“苟日新，日日新，又日新。”是说在盘子上刻上了鼓励人不断追求革新、日新又日新的铭文，可见对革新的高度重视。《易传·系辞上》曰：“日新之谓盛德，生生之谓易。”是说新的不断代替旧的，日新月异方可成盛德大业。新旧交替，继续不已，形成生生不已的人化过程，生即是创，生生即不断出现新事物。“旧邦新命”“日进日新”“生生不已”代表着中国文化的基本精神，是激励中华民族不断创新、不断前进的思想源泉。当今时代，创新成为驱动经济社会发展的第一动力，成为全社会的广泛共识，形成了浓厚的创新文化氛围，创新创业精神正在塑造国人新品格。

（三）兴邦致用的创业精神

中华民族的创业精神源远流长，历代帝王创立基业、大商巨贾创办实业、平民百姓创获家业，均属于创业范畴。由于中国古代政治历史发达，因此创业主要是指创立基业。孟子曰：“君子创业垂统，为可继也。”是说君子创立基业，正是为传诸子孙，一代又一代地继承下去。诸葛亮曰：“先帝创业未半，而中道崩殂”。是说先帝开创事业不到一半就中途去世。其中“创业”都是创立基业、开创事业之意。有学者专题研究历代“创业帝王”，认为：“凡参加本朝创立基业之工作而为开国帝王追尊帝号者，或本身参加本朝创立基业之工作有重大贡献而后得即帝位者，或开国之帝王，均称之为创业帝王。”根据这一定义，“开国帝王固然必定为创业帝王，但创业帝王不必限于开国帝王”。由此可见，政治意义上的创业与创立基业紧密相连，一般情况下“创业”与“守业”相对应，故有“创业难，守业更难”之说，当然在创业帝王中也不乏李世民这种“太宗文皇帝身兼创业守成之事”的个案。近代中国则产生了一大批实业家，并兴起了实业救国的社会思潮。孙中山在辛亥革命后曾指出：“能开发其生产力则富，不能开发其生产力则贫。从前为清政府所制，欲开发而不能，今日共和告成，措施自由，产业勃兴，盖可预卜。”既指出了晚清实业救国之不可能，也对辛亥革命后产业勃兴寄予希望。作为建国方略之一部分，实业计划详细设计了经济建设的宏伟蓝图，规划了在中国沿海修建3个深水港，修建10万英里铁路，发展食、衣、住、行、印刷等基本生活资料生产，开采煤、铁、石油和其他矿藏并设置采矿、冶金等设备制造厂等具体方案。

也许这些方案在当时看来好似宏伟蓝图，完全没有可操作性。但是对于经济发展这一块的战略想法是一笔难能可贵的精神财富，值得后人不断思考探索。当代中国则生发出“艰苦创业”的新名词，是指为了国家、民族和人民的共同利益和共同理想，为了发展社会主义事业，在艰苦的环境中开拓、奋斗，改变一穷二白的落后面貌，建设富强民主文明和谐的现代化国家。艰苦创业精神既是一种崇高的思想境界，也是人们成就任何事业不可缺少的精神动力。其中，“创业”既指基业，也指事业，当然也可以包括企业，于是便有“全民创业”的政策号召，创造出“百姓创家业、能人创企业、干部创事业”的生动局面。

二、利用转化传统文化，融入现代创新创业教育中

（一）辩证看待中国传统文化与创业精神和创造力培养

关于中国传统文化与创业精神和创造力培养，在学术界有两种代表性观点。有学者认为“重义轻利”思想抑制创业愿望；“中庸”思想限制创业激情与勇气；儒家部分治理思想与商业“契约精神”有冲突；“学而优则仕”思想制约创业积极性。这一学术观点受到了部分学者的质疑，他们认为“修齐治平”“忧乐天下”“反求诸己”等儒家思想给大学生创业提供精神动力；“仁者爱人”“知行合一”“中庸”等儒家思想给大学生创业提供创业智慧；“君子爱财，取之有道”“见利思义”等儒家思想给大学生创业提供道德基础。儒家思想内涵丰富而深刻，经过现代解读，作为创新创业教育的一部分，完全可以为大学生提供具有现代意识的创业精神，对大学生创业产生积极而深远的影响。而且，这种积极意义要远大于消极影响。

我们可以看到，由于立论基础不同，二者对儒家思想的理解也不尽相同。甚至是同一种具体的思想主张，也会解读出消极和积极两种不同的影响效果。比如，“中庸”思想，持“消极影响”观点者认为“中庸”思想限制创业激情与勇气。因为刚出社会的学生就步入竞争激烈的市场中，人脉和资金等社会资源匮乏，乃至在举步维艰的情况下，初生牛犊不怕虎、敢为人先、大家风范的领袖力，朝气蓬勃的新锐之气是必不可少的。而所谓这些新锐之气是与“中庸之道”相悖的。“中庸之道”所提倡的是“规矩处世”，不能脱离世俗限定，完全与创业者该具有的品质相反。因此“中庸之道”是不太利于创业的，而且会起到消极作用。与此相反，持“积极影响”观点者认为“中庸”所提倡的理念可以中和大学生目前浮躁焦急的心态，为达目的不惜失去所有，而这种心态完全扭曲了创新创业的理念和初衷。

对于这一问题，在林崇德先生主持完成的“创新人才与教育创新研究”课

题中曾进行过深入的讨论。他认为中国传统文化蕴含着丰富的创造力，从中国传统文化特质的角度提出了四种观点："首先，中国传统文化崇尚独立自主的人格，而独立自主的人格是创新人才最重要的人格特征。""其次，中国传统文化是具有怀疑精神的，而怀疑精神是创造的源泉之一。""再次，'和而不同'的思维方式为创新提供了思维基础。""最后，中国传统文化是'崇尚理性'的文化，既能客观地认识自己的现实，又能公正地对待外来文化。"据此，得出结论："中国传统文化因此构成了创新人才培育和创造性或创造力提升的丰富资源，而不是阻碍创造性或创造力培养的罪魁祸首。"这是很有创造性的全新观点，改变了学术界原有的对于传统文化的认识。这一观点的理论基础是："世界上根本找不出一种缺少创造性的文化。所有的文化，都是富于创造性或创造力的；所有的民族，都是富于创新精神的民族。"对此，我深表赞成和认同，但是，为什么富有创造性的中国传统文化和富有创新精神的中华民族自15世纪以后逐渐落后了，1840年以后的百余年间，甚至落到了任人欺凌、任人宰割的悲惨境地？如何解释这一文化现象呢？这个问题实际上揭示了文化与制度的关系，虽然中国传统文化和中华民族具有创造性和创新精神，但是，不能孤立地从文化特质来推论文化的影响和作用，还要把文化放到具体的时代坐标中去，在不同的时代条件和制度背景当中来全面审视传统文化。正如学者石中英所指出的："总的来说，中国传统文化具有丰富的创造基因，只不过由于种种的原因没有能够在封建社会特别是在明代以后的社会里得到很好的表达机会。"基于这一视角，我认为，中国传统文化主要是在以小农经济为基础的封建社会形成发展和走向成熟的，由于受到封建专制主义的桎梏，这些创造性和创新精神并没有得到"充分"和"正确"的发挥。这里的"充分"是一个量的标准，是指优秀传统文化发挥影响的力度和效度；这里的"正确"是一个质的标准，是指优秀传统文化发挥影响的范围和领域。这就是中国传统文化的复杂性所在，单纯从文化特质的角度来看，中国传统文化确实蕴含着丰富的创造性，但是由于封建社会的长期延续，特别是明清之际封建专制主义的负面影响，中国传统文化的创造性并未得到正确发挥，以致影响了整个社会的创造创新活力。所以，在我们研究传统文化时，一定要加入时代元素，要把“传统与时代”作为一个主题来深入研究，不同时代会唤醒传统文化中不同的价值元素，这是我们研究传统文化的基本出发点和落脚点。

当前，要充分注意中国传统文化随着时代的发展而发生的巨大变化。实际上，伴随着中国铲除封建主义社会制度，确立中国特色社会主义制度，中国传统文化已经挣脱了专制主义的羁绊，逐渐走向了现代化。特别是改革开放以来，“随着社会主义市场经济和以公有制为主体、多种经济成分共同发展的政策和体制逐渐确立。与之相伴，人们的价值观念有了明显的转变，市场意识、竞争意识和风险意识也不断增强。这些变化都为中国的创业文化植根于民众之中，繁荣于大江南北，提供了良好的社会环境”。我们的基本观点仍然是从文化特质的角度来看，中国传统文化具有促进创新创业的科学品质，它在封建社会出现的阻碍创新创业的专制形态主要是受到社会制度的影响。中华人民共和国成立以来，中国现实的社会环境已经发生了翻天覆地的变化，中国特色社会主义制度的确立为建设民主法治的中国奠定了基本的制度基础，以改革创新为核心的时代精神已经成为中华民族蓬勃向上、走向繁荣富强的精神力量。在这种时代特点和制度环境中，中国传统文化中有利于创新创业的特质将重新得到发挥和阐扬，为整合和建构促进创新创业的时代文化提供保障。

（二）寻找传统文化向现代文化转化的内部机制

在改造文化方面，必须解决的问题就是如何对待传统文化。我们无法抛弃传统，而只能是剖析传统，从而找到传统文化转化为现代文化的内部机制。

1. 综合创造论

张岱年、程宜山在《中国文化与文化论争》一书中认为，新的中国文化系统的形成过程在本质上是一个综合创造的过程，现在中国的文化系统是在原有文化系统解体之后，利用来自中西两方的文化要素重新组建起来的。但是，由于在引进过程中选择意识和创造意识不强，存在着泥沙俱下和囫囵吞枣的严重弊病。新的社会主义文化系统目前已初具规模，但还远远没有建成。“新的指导思想——马克思主义在这个文化中的主导地位已经确立，今天的中国文化与中国传统文化无论在体系结构上还是所包含的文化要素上，都有质的区别。这是新文化已初具规模的标志。不承认这一点，以为中国传统文化仍完好无损、需要根本摧毁、‘彻底重建’的观点是没有根据的。”与此同时，夸大我们已取得的成就也是不正确的。因为“文化传统的更替与社会形态的更替并不完全同步”。在社会主义初级阶段，封建主义、小农意识、半殖民地半封建社会病态心理还有相当大的市场。

2. 转换性的创造

李泽厚先生对于传统文化的改造提出了“转换性的创造”思路，他认为儒学的深层结构已经浸入无意识的深层，以至于不读孔子的书，甚至不知孔子其人的农民，沉浸和积淀在他们的行为规范、观念模式、思维方法、情感态度等意识和无意识底层的，主要仍是孔子和儒家的东西。这些东西不是想扔掉就能扔掉，想保存就能保存的身外之物。为了发扬儒学深层结构积极的方面，克服消极的方面，他认为应该进行“转换性的创造”。这种转换性的创造既必须与传统相冲突，又必须与传统相承接，主要包括两个层面：一个是社会体制结构层面，建立与当代社会相匹配的自由、独立、人权、民主制度和法律；另一个是文化心理结构层面，通过创新学习教育的方式与当今社会习俗和民族文化心理相结合，进行适度性转换。这个转换性创造的过程就是“让现代生活的理性体系和价值规范作为风俗习惯在日常生活中逐渐沉积，以改变原有积淀，为转换性地创造新时代的深层次结构而努力”。转换性的结果，即是他所主张的“自由主义”：“以宣传现代观念为张本，以建立未来的人性为鹄的，通过教育，来逐渐既保存又改换传统的情理深层。”李泽厚先生认为近代以来，从康有为的“孔子改制考”“公羊三世说”、谭嗣同的“仁-通-平等”的“以太”仁学、严复的“天演”进化，到孙中山的“三民主义”，都是企图获取系统的理论构建去对抗和消解传统的“中体”，来更新人们的观念，召唤国人的情感。李泽厚先生认为，中国文化一整套理性系统的阻碍，使现代化进程更加举步艰难，于是在经历了各种失败之后，终于爆发出世界史上罕见的彻底反传统的“五四”启蒙运动，以求为现代化取得思想上的前提和武器。

3. **创造的转化**

与“转换性的创造”相对应的则是林毓生先生提出的“创造的转化”。林先生非常重视“权威”的力量，认为“我们只能在学习中找寻转化与创造的契机；而在学习的过程中，我们必须根据权威才能进行”。这实际上是如何“使传统在现代的环境中发扬”的问题。为了达到这个目的，有两种错误做法，一种是“有些人发生一种情绪的冲动：自己传统的崩溃使他内心很烦躁，常用并不能言之成理的办法来维护自己传统”。林先生将这种做法称为“以情绪为基础硬搞的办法”，这种办法不是“发荣滋长”的途径，必然没有生机和活力，并不能对维护传统这件事产生实质的贡献。另一种是“硬把外国东西移植过来”，这种做法也不可取，因为“硬从西方搬来一些货物，不但不能解决我们的问题，反而制造了新的危机”。“硬搞”和“移植”都不可行，那么，就只能实行“创造的转化”。按照林先生的界定，“创造的转化”就是“把一些中国文化传统中的符号与价值系统加以改造，使经过改造的符号与价值系统变成有利于变迁的种子，同时在变迁过程中继续保持文化的认同”。“创造的转化”既是一个艰苦而长远的过程，也是一个相当繁复的观念。“第一，它必须是创造的，即必须是创新，创造过去没有的东西；第二，这种创造，除了需要精密而深刻地了解西方文化以外，而且需要精密而深刻地了解我们的文化传统，在这个深刻了解交互影响的过程中产生了与传统辩证的连续性，在这种辩证的连续中产生了对传统的转化，在这种转化中产生了我们过去所没有的新东西，同时这种新东西却与传统有辩证地衔接。”由此可见，林先生突出强调“创造性的转化”，其内在意蕴在于“传统辩证的连续性”，这种对社会与文化稳定性的追求更有利于创造。

第三节　创新创业教育实践体系建设

一、创新创业教育实践体系构建基础

（一）教育实践体系构建的理论基础

顾明远编著的《教育大辞典》中，对教育实践教学有一个明确的解释：教育实践教学是相对于理论教学的各种教学活动的总称，包括实验、实习、设计、工程测绘、社会调查等。旨在使学生获得感性知识，掌握技能、技巧，养成理论联系实践的作风和独立工作的能力，这种对教育实践的定义，是从其内涵和外延来理解的。

1. 教育实践体系的内涵

教育实践体系是一个有机的整体，大部分学者都认为其有狭义和广义的内涵之分。总的来说，由目标、内容、管理、评估体系等要素构成教育实践体系整体，这是按照其广义层面来描述的。而狭义的教育实践体系，是指教育实践的内容体系。我们以广义的教育实践体系内涵作为参照，但并不局限于其设定的目标、内容、管理和评估四大要素：我们把实验、实训、实习、毕业论文等环节作为教育实践活动，把体系的管理、评估、条件保障作为教育实践体系的环境资源来加以重新认识。所以我们认为，教育实践体系是以教育实践人才培养目标为核心前提，以教育实践活动为主体内容，并以相应环境资源作为支持条件的一个有机联系的整体。

教育实践是和社会诸多领域有着紧密联系的实践活动，教育实践体系的构建也涉及各种与之相关的要素。在综合考察教育实践内涵的基础上，笔者认为教育实践与学习论的思想密不可分，它们不仅为教育实践体系设计提供理论指导，也为人们认识教育本质、确立教学目标、选择教学内容等教育问题提供重要的理论依据。学者们对学习的探讨从未停止过，无论是行为主义心理学创造的“刺激—反应”学习理论，还是认知主义心理学家对人类认知过程及组成因素的研究，社会因素和个体因素已经成为学者们关注的焦点，特别是建构主义学习理论对教育思想产生了重大影响。

建构主义学习理论认为，知识、技能不是被动积累的，而是学习者积极实践的结果。知识、技能的建构必须从激发学习者学习动机开始，而传统的教育模式往往是先理论后实践，实践能力弱的学生在社会上缺乏核心竞争力。因此，必须确立教育实践教学在创新创业人才培养过程中的主体地位；学习者的学习过程要关注知识、技能的连贯性和教学内容的情境性。使用情境教学方法，使学习内容具有真实性任务，使学习行为在与现实情境相似的情境中产生。教育实践教学正是符合情境教学要求的，使学生通过具体的社会实践、实训、实习等实践环节，在解决具体问题情境中，积极主动地建构自己的理解过程、创造过程。

2. 教育实践体系构建的理论原则

教育实践体系的高效运行，必须考虑到多种要素间的相互作用。在综合了创新创业人才培养范畴和教育实践体系特征的基础上，我们提出了构建教育实践体系过程中需要遵循的一般性理论原则。

（1）目标性原则

高等院校教育实践体系的建构必须紧紧围绕培养大学生创新创业能力这一人才培养目标来进行，要把培养既具有扎实的理论基础，又具有较高创新素养和较大创业潜能的人作为教育实践体系的出发点。制定的教育实践体系人才培养目标应该根据高等院校人才培养规格、专业学科特点及发展规律以及社会对人才的需求，来进行明确的、有针对性的具体目标设定。

（2）系统性原则

高等院校教育实践体系的构建，应该根据高等教育的规律、人才培养特点，按照各个教育实践环节的地位、作用及相互之间的内在联系，运用系统科学的方法进行统筹安排，教育实践环节的时间安排上要保持连续性，要处理好实践教学与理论教学的关系，合理分配课时比例，保持整个教学过程的系统性。实践教学与理论教学的相互衔接、相互渗透，使体系内的各个环节协调统一，贯穿于高等教育的全过程。

（3）层次性原则

大学生能力的发展，是一个循序渐进的过程。遵循这一客观规律，教育实践体系也应分阶段、分层次逐步深化。其教育实践目标要由易到难，教育实践环节由简单到复杂，教育实践方法由单一到综合，分阶段、分层次，循序渐进地加以构建。

（4）实践性原则

实践出真理。因此，对教育实践体系的构建要有利于学生实践能力的培养，主要体现在教育实践目标要符合社会发展和人才需求，除培养学生的应用实践能力外，还注重创新创业能力的培养，以满足学生自主发展的需要。在教学内容上，应突出知识更新的要求，以实践、实训活动为主导，模拟真实的环境来开展教育实践。

（二）教育实践体系构建的目标导向

创新创业人才培养目标是高校教育实践体系构建的目标导向，也是其核心前提。创新创业人才培养目标指的是在教育实践体系的构建中，要把培养学生创新创业能力作为教育实践人才培养目标，把创新创业人才培养目标贯穿教育实践体系的每个环节，通过教育实践活动培养学生的实践能力、创新素养和创业潜能，使学生对实际问题的解决能力和综合素质得到提高，使学生做到德、智、体、美全面发展。

1. 培养学生理论联系实际的能力

教育实践的首要任务就是要求学生将理论知识与实践动手能力相结合，将课堂教育与社会实践相结合。学生工作以后，坚持理论联系实际，充分利用理论知识、指导思想，去观察、处理问题，解决实际工作中遇到的现实问题。学以致用是从古至今都崇尚的人类知识获取和使用的目标，其实现学以致用目标的过程就是通过教育实践。教育实践培养学生运用知识、创造知识的能力，使学生能真正发挥理论指导实践的作用，为学生毕业后进入社会工作创造必要条件。

2. 培养学生发现问题与解决问题的能力

在用人单位看来，现在的大学生发现问题、解决问题的能力并不理想。因为实践经验的缺乏，在工作中很难发挥高学历知识教育的优势。因此，通过教育实践，积极调动学生的观察力、理解力和思考力，培养学生创新能力、激发学生创业潜能，对新时期人才培养的意义尤为重要。在日新月异不断变化的世界环境中，具备创新能力的人才才能发挥举足轻重的作用，为社会发展作出贡献。只有通过创新能力的不断提升，使学生富有创造力，激发创业潜能，才能开辟新的行业和领域。

3. 培养学生的创新实践能力

在创新创业人才培养的要求中，学生创新创业能力的核心就是创新，创业是在具备一定程度创新的基础上升华得到的。实践能力是创新能力发展的基石，高等院校要构建面向创新创业能力培养的教育实践体系，在教学中培养学生的创新实践能力，是符合现代教育要求和社会人才需求的。没有实践能力，创新能力是不可能得到发展的。学生在实践中不断积累实践能力，形成良好的创新意识，无形中就会使自己的创新能力逐步提升。人才综合素质的提升是一个国家综合国力提升的表现。国家培养学生的综合素质，需要在学生进入社会前，通过教育实践来逐步使学生得到全面发展。高等院校要依据自身的学校定位，适当调整各学科教学计划，以培养学生创新创业能力教学理念为指导，突出教育实践体系各环节的连贯性和整体性，完善教育实践内容，积极培养学生实践能力，满足新时期学科专业发展对专业人才的需要，力争实现创新创业人才培养目标。

（三）创新创业教育实践体系的认知

创新创业教育实践体系是指将创新创业教育建立一个由浅入深、由简单到复杂的教学与活动体系，通过这个体系，把专业教学活动、社会实践活动、实习实训活动、科学研究活动、创业实践活动结合起来，形成循序渐进的创业全过程实训。创新创业教育实践体系主要是通过整合学校、企业和社会的各种资源，建立开放式、多元化的创业实践平台与基地来实现。创新创业教育实践体系是在创新创业教育的实践观指导下的体系建设，大学生创新创业教育有别于专业课教育和基础课教育，要求在传授理论知识的基础上，让学生掌握认识自我、认识事物、认识社会的方法和手段，培养学生创新创业能力、发展事业的能力，因此在授课或活动的过程中，要坚持理论与实践相结合、突出实践的原则。根据创新创业实践教学的特点，把创新创业实践体系分为认知性创新创业实践、思考性创新创业实践、模拟性创新创业实践 3 个部分。

1. 认知性创新创业实践

一是组织学生参加社会实践和社会调查活动，深入认识社会，了解企业现状与发展，提高认知能力；二是指导学生充分利用课间毕业实习，接触专业实践活动，提高专业创新创业能力；三是指导学生在实习实训基地中体验企业管理和企业文化，提高管理创新创业能力；四是发挥优秀毕业生的创新创业典型的示范作用和成功案例的激励作用，或采取讲座、座谈的形式教育和引导学生，丰富学生创新创业知识与体验，或采用访谈的形式让学生接触典型、感受典型、学习典型，提高创新创业的激情与能力。

2. 思考性创新创业实践

学校通过举办创新创业计划的相关比赛，引导学生参与各种科研训练活动，进行创新创业教育的熏陶。尤其是综合性、设计性科研训练活动，如各高等院校开展的大学生研究训练计划项目，使学生在训练、比赛中，激发创业意识、体验创业经历、增进沟通交流、培养团队精神。定期开展创新创业技能专题讲座、学术周、科技月等科技创新活动，以设立研究、创新基金等方式对学生的科技创新项目提供资金支持、创新实验平台。

3. 模拟性创新创业实践

创立校内外创业孵化与创业实践基地，指导学生参加有关提高专业和创业能力的训练活动，依托校内大学生创新创业实践基地与大学科技园，让学生通过实践从理论中走出来，汇集智力、知识、技术、资金，使其成为学生科技合作交流与创新创业服务的平台；依托校外创业孵化基地和各类型创业中心的合作，与各企业合作，共建模拟创新创业平台（如工厂、企业）等实战场所，与此同时要充分发挥各高等院校校友会的有效资源，达到“节能高产”。让学生感受企业的发展历程，实际参与企业的具体管理和运作环节，使教学与社会生产紧密结合起来。在创新创业教育的实践体系中，要做好统筹规划，做好创新创业园区的建设，重新评估现有创业园工作开展情况并加强建设，规划建设一批新的创业园区。在创新创业园区的建设方面，省教育主管部门应积极协调省财政部门，把创新创业园区的建设纳入专项资金项目，进行专项建设。创新创业园区应包括创新创业教育、项目管理、资金管理、孵化器、创新创业培训等功能。

二、创新创业教育实践体系存在的问题

随着中国高等院校教育改革的持续推进，创新创业教育的不断发展，一些深层次问题逐渐显现出来，创新创业教育实践体系不健全就是其中之一，这个问题在一定程度上制约了创新创业教育的发展。

（一）创新创业教育实践体系构建的困境

创新创业教育实践活动在高等院校已经开展起来，也取得了明显的效果。但在创新创业实践过程中出现的困境也是不可忽视的。

1. 创新创业教育目标模糊

创新创业教育在高等院校已经开展了数年，可是创新创业的目标和定位在许多人的心目中仍然是模糊和单一的。美国考夫曼企业家精神研究中心（The Kauffman Center for Entrepreneurship Leadership）所定位的创新创业教育的目标是“通过培养创业意识、了解创业知识、体验创业过程，使大学生能像企业家一样行为，具备将来从事职业所需的知识、技能和特质”。创新创业教育目标应该是知识与技能，结构与方法，情感、态度、价值观三维目标的统一。

目前高等创新创业教育存在目标模糊的困境，主要体现在两个方面。

（1）创新创业教育缺乏价值引领，分类、分层指导不够

高等学院创新创业教育核心是培养人才，需要回答好“培养什么样的人”和“怎样培养人”这两个问题。这其中包括价值观引导和教育，具体到某个高等院校，就是其人才培养的价值引领和特色层次。然而，当前高等院校创新创业教育人才培养目标总体模糊，创新创业教育实践内容设计指向以技能性教育为主，如创业的商业管理与运营技术、商业税法以及融资方法等，忽视了价值塑造的内容，培养存在趋同化现象。

（2）创新创业教育目标的单一性造成创新创业教育功利化倾向严重

许多高等院校的教师认为创新创业教育仅仅就是专注于培养大学生成为小老板，或者成为企业家的一种商业教育或创业培训，这种缺乏分类、分层次的创新创业教育目标限制了创新创业教育的受众面，即主要面向具有创业意愿和已经付诸创业实践的群体开展，并没有面向全体学生开放。造成了一般高等院校的创新创业教育只是精英教育，大部分大学生都没有加入创新创业教育的实践中来。例如，高等院校的创业大赛就带有极强的精英化痕迹，关注的只是小部分有骄人业绩的人，参与面不广。但与之相矛盾的是，随着信息技术和互联网的蓬勃兴起，当代大学生逐步告别传统求稳的就业观念，愿意以自主创业的方式开始尝试实现人生价值。这些有创新创业意愿的学生有很大一部分，但是像技能大赛这样的实践活动不具有普遍性，也仅仅是少部分同学参与，由此可

见，模糊的、单一的创新创业教育目标，必然会造成创新创业教育与现实需求的冲突。

2. 创新创业教育实践缺乏整体推动

随着社会经济的发展和国家政策的倾斜，一些高等院校在创新创业教育实践体系建设方面进行了探索。这些高等院校通过开设创新创业教育课程，开展以创新创业教育为主题的第二课堂活动，设立高等院校创业园、创业孵化中心、创客等，为学生开展创业实践活动提供了极其丰富的载体，创新创业教育实践活动也开展得轰轰烈烈。但随着活动的开展，一些新问题也接踵而来。例如，在一些高等院校中，创业课程由相关学院开设，创新创业教育实践环节由学工部门牵头，创业竞赛由团委牵头，这容易导致多部门功能设置重叠、任务内容重复，最终造成资源浪费。多部门牵头开展的创新创业教育在发挥了各自优势的同时，也容易造成各自为政、缺乏协同，致使创新创业教育实践缺乏体系性和联动性，进而阻碍创新创业教育实践的健康和快速发展。高等院校创新创业教育实践是个系统工程，它与创新创业教育的目标体系、课程体系等息息相关，需要协同联动，共同推进发展。然而，目前高等院校创新创业教育实践工作多重视载体建设而忽视实践体系构建，缺乏统筹规划与顶层设计，缺乏整体推动的战略眼光。这些问题致使创新创业教育呈现声势大、成效小，尝试多、规范少的尴尬局面。

（二）高等教育实践体系困境原因

创新创业教育实践的困境有多种，而这些困境的产生是因为在高等院校的各个方面还存在着多种矛盾冲突。

1. 高等院校内部不同层面存在观念冲突

高等院校内部不同层面存在的观念冲突对于创新创业教育实践体系的构建有着深刻的影响。“冲突”具体表现为以下三个方面。对人才培养定位认识不一致。在高等院校中，部分教师认为，人才的培养是高等院校的职责，而创业人才只是部分人才，不包括全部的学生。教师对人才培养的定位还不准确。对创业“失败”和“成功”的理解不一致。有些人认为创新创业教育实践是育人的过程，即便创业失败也是一种成长；相反，持不同观点的人认为，大学生创业成功率极低，而失败对大学生打击可能很大，担心大学生难以承受，影响大学生的身心健康，故没有必要在上学期间承担这样的风险。不同专业之间对创业理解的不一致。职业性相对强的专业对创新创业教育需求相对弱一些，因而对创新创业教育的阻力会更大；相反，职业性相对模糊的专业对创新创业教育需求相对较高。这些冲突往往体现在不同人群的思维和行动中，包括学校领导干部、教师和辅助人员。观念的冲突在一定程度上造成了创新创业教育目标的模糊和创新创业教育脱离学生实际需求的现象，不利于创新创业教育实践体系的构建。

2. 高等院校创新创业教育实践缺乏顶层设计

纵观前几年的高等院校创新创业教育，其顶层设计是欠缺的。高等创新创业教育有了多年的实践，可有的是从经济管理学院萌芽启动的，有的是从技术转移中心牵头开始的，有的则是从就业角度唤起对创新创业教育的关注，还有的则是为了完成各类比赛任务而推行的阶段性活动等。由于缺乏系统的顶层设计，加之创新创业教育常被放在第二课堂或者旨在丰富学生课余生活的课外活动中进行，学校相关单位或部门常会凭经验或兴趣而行，使得创新创业教育变得零散化、碎片化。

实际上，即便是看起来相对系统的创业培训也存在上述类似问题。举行一次培训就算是开展了创新创业教育，培训还常出现“三无”现象，即课程设计无体系、培训过程无监管、培训结果无评估。这种现象与相关部门对创新创业教育随性定位有很大的关系。此外，由于高等院校对部门的功能分工缺少系统的研究，在部门的职责定位和工作范畴上容易形成“重叠”与“缺位”并存的现象，即易出成绩的工作常被抢着做，需要革故鼎新、面临巨大挑战或者需长期默默坚持才可能有所收获的工作往往成了大家争相躲避的对象。这容易诱发各自为政甚至冲突的局面，导致力量集聚难、资源整合难，也难以形成良好的创新创业教育组织环境和创新创业教育文化氛围。

3. 高等院校创新创业教育学科建设滞后

由于创新创业教育缺乏全国层面的学科设计、指导和要求，除了个别高等院校自我探索之外，绝大部分高等院校很少涉及创新创业教育学科和专业建设。创新创业教育学科建设的滞后直接影响了创新创业教育课程体系的开发与建设，部分高等院校的“创新创业教育既没有系统的创业学课程，也没有融入学校的专业教育当中”。此外，高等院校缺乏对创新创业教育的研究，同时高等教育的研究机构的设置也被认为是可有可无的，对于如何将创新创业教育的理念融入本校的人才培养理念、如何处理创新与创业的关系以及如何实现科研成果的转化等问题没能做出良好的回答。因此，创新创业教育在全国高等院校范围内缺少理论支撑，课程设置和资源分配缺乏顶层依据，专业设置缺乏学科依托，这一切都影响了创新创业教育的广度和深度。

（三）创新创业教育实践体系构建策略

高等院校创新创业教育实践体系要以解决实践活动的矛盾冲突为目标，在实践活动中完成创新创业教育体系的构建。

1. 构建以学生需求为导向的创新创业教育目标体系

创新创业教育实践体系作为一项培养人的创新创业精神和能力的系统工程，其目标要根据大学的人才培养目标和大学生的需求来制定。创新创业教育目标体系的构建可以很好地解决创新创业教育目标模糊与单一的困境。大学创业教学目标体系的构建应该分为两个层面：面向全校学生的共性层面，主要是以创业意识、创业知识、创业能力、创业精神等创业素能为目标；面向特殊群体的个性层面，主要是针对具有强烈创业意愿和梦想的学生，以培养其市场的敏锐性、决断的自主性、思考的独立性、创业的竞争性和合作性、技术的创新性、管理的科学性等品质为目标。高等院校要围绕培养创新创业人才的目标，把推动大学生创新创业教育工作作为培养高等人才的重要组成部分，构建一体化的创新创业教育目标体系。在共性层面，高等院校要把向社会输送更多有志于担当社会责任、创造社会财富的精英人才作为人才培养的重要目标，积极探索创业意识激发、创业技能提升、创业项目打磨、天使投资对接、创业项目落地的“全链条”式创新创业教育实践体系，逐步形成以学生需求为导向、以创业素能为核心、以创造价值为动力、以创业实践为抓手、“学研产用”相结合的分层分类的创新创业教育模式；在个性层面，高等院校要将“培养有志于担当社会责任、创造社会财富的创业精英”作为创新创业教育的目标，实现企业家精神、创新能力、组织能力、领导能力、机遇把握能力、技术型创业、国际化创业等素能的融合。

2. 构建以资源整合为导向的创新创业教育组织环境体系

创新创业教育组织环境主要是指通过对以创业实践载体、创业社团、创业竞赛和创业实践平台为主体的创新创业教育实践类资源进行有效整合，创造良好的创新创业教育环境，形成浓郁的创新创业教育氛围，构建创新创业教育组织环境体系，能够有效地解决创新创业教育实践载体繁杂和实践体系零散的矛盾。大学在开展创新创业教育时，一方面要建立统一的创新创业教育领导机构，进行顶层设计和宏观规划，统一调动高等院校的创新创业教育资源，对全校创新创业教育工作和创新创业教育组织或团体进行宏观管理和监控；另一方面，要打破学校各部门各自为政的局面，将优秀的创新创业教育资源进行整合，营造良好的创新创业教育环境，共同构建创新创业教育的组织环境体系。高等院校要以资源整合为导向，采取多项举措构建良好的创新创业教育组织环境体系。

（1）加强顶层设计，提供机制和政策保障

一方面，建立学生创新创业工作协调机制，成立大学生创新创业教育工作领导小组，协调校内有关部门抓好创新创业人才培养工作；另一方面，出台一系列文件，帮助引导大学生处理好创业与就业、学业的关系。

(2) 整合校内资源，激发创业意识

高等院校要依托勤工助学与创业指导中心、“蒲公英”青年创学院、青年创业俱乐部、微创业联盟等近30个创新创业社团，持续开展“创业者导航”“创业点子秀”“创业在路上”等活动。

(3) 加强校内创新创业教育实践基地建设

为满足学生创业实践需要，高等院校要建立创新创业教育实践基地，引导学生经常参加创业实践活动。为创新创业教育实践体系构建创造良好的组织环境体系，有效地保证学校创新创业教育的顺利开展。

第八章　大学生职业生涯规划的奇特现象

第一节　慢就业现象

一、“慢就业”的概念及趋势

（一）“慢就业”的概念

高校学生毕业后不急于找工作，而是选择继续考研、考公、考证、游学、创业考察，或者是暂时休息、陪伴家人或进行其他方面的研究摸索。

（二）“慢就业”的趋势

近年来，“慢就业”数量呈上升趋势，智联招聘发布的2023大学生就业力调研报告数据显示，2023年应届生选择“慢就业”的比例从去年的15.9%上升到18.9%。就业观念的转变，衣食无忧的家庭条件和父母的无条件支持都加速了“慢就业”人数的扩张，影响了国家整体的就业形势。

二、“慢就业”原因分析

（一）社会层面

就业压力长期存在。2023年，高校毕业生1158万人，2024年，高校毕业生

1179万人，毕业生人数持续上升。后疫情时代，经济虽然逐步逆势上扬，但各企业用工岗位需求量及薪资待遇较前几年都有一定的缩减。目前到校招聘企业数量很多，但各企业能够提供的就业岗位数量十分有限，出现了僧多粥少的局面。众多毕业生拥挤在企业招聘现场，即使学校极力推荐，学生努力表现，但最终只有少数同学能顺利通过面试，成功签约。其余大部分求职毕业生，由于招聘岗位数量限制、个人的专业技能和求职技能没有达到岗位招聘的相关需求，只能继续游走于各地各校招聘会，寻找新的就业机会。如此反复，很多同学逐渐丧失了就业信心或求职意愿，最终选择暂时不就业，导致“慢就业”现象的扩大。

结构性就业矛盾日益凸显。一方面，高校毕业生职业技能水平与用人单位岗位需求不匹配。企业在进行人员招聘时更关注于学生的专业技能、实践能力的强弱，而学生在校期间因为多方面原因，缺乏实习实践锻炼机会，应用能力差，只具备一定的理论知识，这加剧了就业矛盾问题，使得“慢就业”现象越来越普遍。另一方面，个人就业意愿与就业岗位供给结构不匹配。毕业生对职业发展和岗位条件有高期望、对就业单位的“软实力”有高要求，重视自我价值实现和就业单位文化氛围。看重“与兴趣、性格相符”的就业岗位，自主意识强，注重自我选择，宁肯暂时待业也绝不将就就业。对于工作岗位，大学生更多关注于工作的“舒适性”，很少愿意从事辛苦的行业。无论男生女生，都愿意选择“体面”“干净”的办公室相关工作，如财务、文员等岗位，而对其他相对辛苦的一线岗位如销售、服务等岗位不屑一顾。对于工作地点，毕业生更愿意选择大城市，对于乡镇和西部等地区“敬”而远之，这就导致了就业心态与就业机会相矛盾。

（二）学校层面

高校教育与社会实际需求脱节。科技迅猛发展、行业持续变革，就业新环境对毕业生的职业能力、就业心态提出了新的要求。但部分学校没有紧跟时代需求调整教育教学内容，墨守成规。人才培养方案的制定没有结合社会发展需求，企业反馈没有进行及时的调整，由此导致培养的学生在专业知识结构、职业技能、综合素质等方面难以适应岗位工作的最新需求。部分学校重理论轻实践，重成绩而忽视专业技能培养，导致学生实际操作能力、人际沟通能力和解决问题的能力没有得到充分锻炼。此外，当代大学生是伴随着互联网一起成长起来的，他们的个人主体意识越来越强，多元化的价值观和个性化的需求要求就业指导服务做到精准化对接。目前就业指导缺乏对学生个体相关就业信息的收集和分析，缺乏精准化分类指导。

（三）家庭层面

职业价值观和职业发展路径规划不到位。目前高校毕业生集中在95后、00后，由于父母普遍为70后，大部分都经历过艰苦岁月，他们通过辛苦劳作，为孩子创造了现在衣食无忧的美好生活。因为父母吃过太多的苦，所以就不希望自己的孩子再吃苦，对孩子照顾得无微不至，导致孩子缺乏自主性、独立性，缺乏吃苦耐劳精神。此外，众多中国家长还存在一个认知误区，就是以为孩子只要努力学习考上一所好大学，那将来就一定能有好工作。所以高考以前，家长的眼中仅仅盯着分数，家长很少关注孩子其他方面能力尤其是对就业相关综合能力的锻炼。大学期间，学生本人及家长对就业市场的变化、社会经济结构的变化较少关心，多数学生及家长对于职业发展前景、个人就业能力如何、职业发展路径如何规划等把握不准，学生自我认知不清晰，没有把个人兴趣及特长与自己所学专业很好结合，导致求职过程中极度不自信，消极躲避，造成了“慢就业”。

另外，部分家长受传统就业观念影响，一味求稳，认为政府机关、事业单位这类体制内的工作相对稳定。受家长就业观念影响，众多毕业生不约而同开启了考公、考编之旅。家长也在经济上、时间上全力支持孩子考公、考编，如此行径，加深了就业岗位的体制内卷程度，造成了“慢就业”。

（四）个人层面

依据毕业生个人职业生涯规划、就业能力、择业动机等，毕业生“慢就业”类型也可分为被动接受和主动选择两种。被动接受“慢就业”的学生集中体现为自我认知模糊，对行业结构、经济形势不了解，个人职业能力发展与市场供需不匹配，毕业生就业胜任力不足。大学期间，这类学生热衷于上网冲浪、打游戏、运动健身等，对于学校提供的各种创新创业竞赛、实验、实习、实践活动参与积极性不高。学习上也不是很用心，满足于成绩及格。这些原因导致学生的创新能力、实操能力弱，专业知识储备量少，面对招聘个人就业能力不足。

而主动选择“慢就业”的学生表现为职业目标明确，希望通过“慢就业”、缓就业来继续深造学习，希望通过参加实践、社会活动提升就业竞争力和就业质量；在“慢”的过程中，探索自我成长之路，加快自己“自信自立自强”的步伐。这也导致考研热度居高不下。一方面，部分学生职业期望值高，希望通过读研提升自己的各方面能力，将来能有更高的平台，一战虽然失利，没有顺利上岸，但家长开明且家庭条件足以支持学生考研二战、三战。另一方面，女生受到性别限制，在招聘路上屡屡受挫，最终选择考研。再一方面，部分学生逃避就业，惧怕面对就业中的层层考验，尤其工科学生，为了逃避艰苦的一线技术岗位，而选择考研的现象比比皆是。

三、“慢就业”群体就业质量提升路径

（一）加强就业形势分析，引导毕业生下基层，鼓励创业

“慢就业”的很多学生是因为想进“体制内”而选择考公、考编。针对这部分学生，我们可以通过政策解读、就业形势分析等引导他们选择“三支一扶”“西部计划”“社区工作者”“特岗教师”等政策性体制内岗位，鼓励他们到基层、去祖国最需要的地方建功立业。此外，在各种促进就业渠道中，我们要鼓

励学生自主创业，创业是就业之源，具有带动就业的倍增效应。高校毕业生是创新创业的重要力量，政府除了降低创业门槛，减轻创业压力之外，还应继续加大毕业生创业资金支持力度。创业培训、创业服务、创业大赛、资源对接等途径也可以激发毕业生创业意识，增强就业创业能力，最终帮助学生顺利创业，

（二）提升就业指导服务质量，促进大学生就业

面对复杂多变的外部环境给就业工作带来的压力，学校应不断提升就业指导服务质量，积极构建学校+院系+专业+班级“职业生涯规划与就业指导体系”，积极主动营造“职业规划就业指导教师+辅导员+专业教师+学生+网络”线上线下融合的就业指导“新生态”，努力提升就业指导服务水平。充分发挥校园招聘主渠道作用，有效利用国家24365大学生就业服务平台，借助线上线下高频次专场招聘及综合性招聘会，对接“校企生”三方，促进人职匹配；积极拓展就业市场，加大访企拓岗力度，坚持“走出去”和“请进来”相结合，积极宣传学校自身的专业优势及特色，积极开拓校外实习实训基地，加强校企联合培养人才的新模式，努力实现技术资源、人力资源、服务资源平台共建共享，将“产业链”对接“人才链”，融通人才培养与人才输送通道，形成全链条、多元化、纵深式的战略合作，依托校企合作项目培养提升大学生就业能力与创新能力，为毕业生提供实习岗位、搭建实习平台、共享实习资源，确保有就业意向的准毕业生有机会进入实习岗位，增强毕业生的求职竞争力和对求职岗位的认识。以此促进大学生专业理论与实际应用能力的双重提升。

（三）进一步实现岗位信息的个性化推送，促进人职匹配

学校要充分利用大数据技术和信息化技术手段，结合学生专业、特长、职业规划、择业倾向、求职信息等实际情况建立不同类别的学生信息库；根据用人单位发布的招聘岗位用工需求，结合单位性质、工作地域、工作岗位、薪资待遇等相关信息建立不同层次单位信息库，依托“双库”更有针对性地开展帮

扶指导，实现人岗精准匹配。另外，要完善精准帮扶制度，持续做好离校未就业毕业生的跟踪帮扶和线上就业指导服务，杜绝长时间待业状态下，未就业毕业生丧失就业意愿和求职信心，逐渐转换成“尼特族”。

（四）发挥积极正向作用，营造良好的就业氛围

父母在学生就业中的作用不言而喻。要正向发挥这种作用，家长需要具备一定的职业规划能力和正确的就业观念。因此，家校双方需形成合力，互相分享信息，形成良好互动与信任。学校要充分利用线上线下“家访”机会，向家长发放宣传职业规划、就业指导等相关资料，面对面与家长交流，解读就业形势与政策，帮助他们建立职业生涯规划意识，改变家长只关注成绩，不关注能力的错误认知。依据学生个人性格、兴趣特长、专业能力等各方面条件，家长和孩子共同探讨就业方向，合理定位职业目标。家长也要鼓励学生多参加志愿服务、社会实践等活动，在活动中感悟生活、体验生活，查找不足，不断调整职业目标，增强自身综合素质和就业能力。家长应打破传统就业观念，不和孩子过分宣传公务员、事业单位等“铁饭碗”思想，不过多干涉孩子对于就业岗位的自由选择。对于孩子关于就业的诸多困惑、畏难情绪，家长要用自己的工作心路历程及丰富的人生工作经验给予积极正向的引导，培养孩子独立自主性，强化责任意识，鼓励孩子不怕失败，勇于挑战竞争。家长和孩子一起共同关注企业招聘信息协助孩子抓住就业机会，做孩子背后坚定的支持者。

（五）厚积就业“软实力”，夯实职业发展“硬支撑”

大学期间，学生应积极参加丰富多彩的校园活动，努力培养提升自身的创新意识、集体观念、团队意识、吃苦精神、诚信品质、人际沟通等就业“软实力”。学生也要认真学习专业知识，通过多方渠道深入了解专业发展前景，结合大赛、实习实训等培养专业兴趣，明确个人职业发展的阶段性目标，充分提高专业素养。学生还要积极参加各类就业指导培训和面试模拟演练，提升自身的

就业技能，提高个人职业认知和职业综合能力。学生通过阶段性评估，在实践及应聘实战中及时修正调整个人职业目标和求职路径，面对失败，保持乐观心态，不断调整就业状态，为顺利就业提供“硬支撑”。

第二节　待就业现象

一、谁成为“待就业”毕业生

为准确把握“待就业”毕业生的群体特征，在分析各类结构之时，除了给出各部分所占比例，同时还在括号中给出“辈出率”。所谓“辈出率”，是子样本中所占比率除以全样本中的所占比率，反映子样本与全样本相比的结构情况。若辈出率大于1，表示某一特征毕业生所占比例高于全样本毕业生的平均水平，反之亦然。

究竟哪些高校毕业生“选择”了待就业？在分布结构方面，从学历层次来看，专科毕业生占13.6%（辈出率为0.91，下同），本科毕业生占69.4%（1.01），硕士毕业生占15.6%（1.04），博士毕业生占1.4%（1.10）；从院校类型来看，一流大学建设高校毕业生占11.4%（0.58），一流学科建设高校毕业生占10.3%（0.71），普通本科毕业生占56.5%（1.25），高职高专毕业生占13.1%（0.89），民办高校和独立学院毕业生占8.7%（1.47）；从学科门类来看，哲学毕业生占0.5%（0.82），经济学毕业生占10.7%（1.05），法学毕业生占5.0%（1.21），教育学毕业生占9.0%（1.69），文学毕业生占9.4%（1.25），历史学毕业生占1.0%（1.42），理学毕业生占7.5%（0.69），工学毕业生占19.5%（0.59），农学毕业生占3.4%（1.34），医学毕业生占2.0%（1.12），管理学毕业生占19.0%（1.30），艺术学毕业生占12.6%（1.57），交叉学科毕业生占0.4%（0.83）；从性别来看，男性毕业生占31.4%（0.69），女性毕业生占68.6%（1.26）。在家庭背景方面，从家庭人均年收入来看，低收入家庭毕业生占35.4%（1.21），中等收入家庭毕业生占36.7%（1.01），高收入家庭毕业生占28.0%（0.81）；从父亲受教育程度来看，父亲拥有高等教育学历的毕业生占24.9%（0.75），父亲拥有中等教育学历的毕业生占56.1%（1.08），父亲拥有中等以下教育学历的毕业生占19.0%（1.26）；从母亲受教育程度来看，母亲拥有高等教育学历的毕业生占18.3%（0.70），母亲拥有中等教育学历的毕业生占54.1%（1.06），母亲拥有中等以下教育学历的毕业生占27.6%（1.19）。

从上述统计结果可以归纳出“待就业”毕业生群体具有以下主要特征：（1）研究生；（2）普通本科高校、民办高校和独立学院的毕业生；（3）非理工科的毕业生（哲学和交叉学科除外）；（4）女性毕业生；（5）来自低收入家庭的毕业生；（6）父母为中等及以下受教育程度的毕业生。

二、“待就业”毕业生如何求职

求职是毕业生从高校走向劳动力市场的关键环节，毕业生的就业结果往往与求职期望、求职努力程度、求职方式等紧密相关。对于“待就业”毕业生而言，他们的求职期望如何？在求职过程中进行了哪些准备和努力？对这些问题的解答有助于揭示“待就业”毕业生未能落实毕业去向的原因。

（一）在求职期望上

从求职意愿来看，发展前景好、福利待遇好、工作稳定、经济收入高、有利于施展个人才干是“待就业”毕业生在选择或确定工作时最看重的五个因素，与全样本毕业生相比他们更希望工作稳定；最不看重的五个因素包括能够解决户口问题、可增进亲友联系、工作单位的规模大、专业对口和工作单位在大城市。从期望起薪和可接受的最低起薪来看，2021年“待就业”毕业生的期望起薪均值为6066元，中位数为5000元；可接受的最低起薪均值为4538元，中位数为 4000 元；与全样本毕业生相比，“待就业”毕业生的期望起薪和可接受的最低起薪相对更低。从求职单位的选择来看，各类国有部门是“待就业”毕业生求职的首要选择，学校和科研单位、国家机关、国有企业是“待就业”毕业生最期望就业的三种就业单位类型，尤其青睐去事业单位，有意向进入学校和科研单位的辈出率为 1. 31。

（二）在求职准备和努力上

“待就业”毕业生开始求职的时间相对较晚，89. 3%的“待就业”毕业生在毕业前的一年（即 2020 年下半年至 2021 年上半年）开始求职，近一半的“待就业”毕业生在 2021 年上半年才开始求职，辈出率为 1. 29。网络招聘信息是 2021 年“待就业”毕业生最常使用的求职渠道，而人才洽谈会获得的信息、父母亲戚介绍的信息和实习单位提供的信息则是“待就业”毕业生使用频率较低的三个渠道，使用学校（包括院系）就业指导机构发布的需求信息进行求职的频率低于全样本毕业生。从求职次数来看，“待就业”毕业生递交简历数、接受面试数和获得工作机会数的均值均低于全样本毕业生。2021 年“待就业”毕业生递交简历数的均值为 9. 93 份，中位数为 5 份；接受面试数的均值为 4. 44 个，中位数为 3 个；获得工作机会数的均值为 2. 22 个，中位数为 2 个。“待就业”毕业生群体中“有业不就”的现象普遍存在，真正没有工作机会的占比仅为 15. 4%。从求职费用来看，“待就业”毕业生求职总费用的均值为 1917 元，中位数为 1000 元，无论是从均值还是中位数来看，人情礼品费、交通费和置装费均是待就业毕业生求职时花销最高的三大方面。

（三）在实习经历上

“待就业”毕业生的实习次数相对较少。63. 2%的“待就业”毕业生有过实习经历，这一比例略高于全样本毕业生。从具体的实习次数来看，六成以上的“待就业”毕业生仅有 1 次实习经历，有 2 次实习经历的占比为 24. 1%，有 2 次以上实习经历的占比为15.8%，有2次及以上实习经历的辈出率为1.10。从实习总时长来看，近一半的“待就业”毕业生实习时间为3~5个月，实习时间在2个月及以下的占比为25.1%，在6个月及以上的占比为27.6%。

（四）从“待就业”毕业生视角

从“待就业”毕业生视角对影响就业结果的因素进行均值排序的结果表明，工作能力强、相关实习经历丰富、学历层次高是2021年“待就业”毕业生认为影响就业结果最重要的三个因素，这一判断与全样本毕业生一致。此外，排在前十位的因素还包括：了解自己从而扬长避短、学校名气大、了解求职岗位要求及特点、应聘技巧好、形象气质好、就业信息多、学习成绩好。对于2021年的“待就业”毕业生而言，影响程度最低的五个因素分别为：送礼拉关系、拥有就业地户口、性别为男性、父母或家族亲友的帮助、朋友的帮助。

三、“待就业”毕业生的能力如何

人力资本水平是影响毕业生就业结果的重要因素，“待就业”毕业生未能落实毕业去向是因为他们的能力不足吗？在高等教育学业表现方面，“待就业”毕业生在学习成绩、及格科目、奖学金获得、外语证书、学生干部、社团参与等方面的表现整体欠佳。具体而言，从学习成绩来看，尽管有25.5%的学生自认为专业排名位于前25%，但与全样本毕业生相比这一比例仍然较低，辈出率为0.70；25.0%的“待就业”毕业生有不及格或重修的科目，比例高于全样本毕业生；39.9%的“待就业”毕业生获得过奖学金，而全样本毕业生中的这一比例达到一半以上；从等级证书的获得情况来看，“待就业”毕业生中获得外语类、计算机类、职业类和其他类证书的学生占比分别为55.0%、47.0%、33.1%和17.2%，其中外语类证书的获得比例低于全样本毕业生；从担任学生干部的情况来看，待就业毕业生中担任学生干部的比例（52.6%）相对较低，且在担任学生干部的群体中，随着学生干部层级的提高，“待就业”毕业生的相对比例也越低，班级、院系级和校级学生干部的辈出率分别为0.89、0.70和0.77；从社团参与情况来看，“待就业”毕业生的社团参与比例（61.4%）略高于全样本毕业生，但担任社团负责人的比例（26.4%）低于全样本毕业生；从日常时间的分配情况来看，待就业毕业生将课余时间分配给实习和娱乐的比例较高，均值分别达到27.1%和26.8%，分配给社团活动和锻炼身体的比例均值分别为13.2%和14.7%。在个人能力提升方面，对毕业生在高等教育阶段34项个人能力增值评价的结果进行分析后发现，“待就业”毕业生在责任感和忠诚正直方面的自评得分均值较高，分别为4.07和4.02分。能力增值评价的均值得分排在前十位的还包括：包容力、广泛的一般性知识、专业知识、团队合作能力、学习能力、阅读理解能力、关注细节和独立工作能力；而“待就业”毕业生评分较低的五项能力包括：财经素养能力、外语能力、对复杂的社会组织和技术系统的了解能力、国际视野和计算机能力。与“已落实”去向的毕业生相比，“待就业”毕业生在34项个人能力增值评价上的得分均显著更低。具体来看，与“已确定就业单位”的毕业生相比，“待就业”毕业生评分差距最大的五项能力分别为：对复杂的社会组织和技术系统的了解能力、计算机能力、统计与数据处理能力、计划协调和组织能力、自信果断坚定；与国内升学的毕业生相比，“待就业”毕业生相差最大的五项能力分别为：外语能力、广泛的一般性知识、计算机能力、专业知识、国际视野；与出国出境的毕业生相比，“待就业”毕业生相差最大的五项能力分别为：外语能力、国际视野、梳理观点和信息处理的能力、领导力、广泛的一般性知识；与自主创业的毕业生相比，“待就业”毕业生相差最大的五项能力分别为：财经素养能力、对复杂的社会组织和技术系统的了解能力、广泛的一般性知识、创新能力、外语能力；与灵活就业（含自由职业、其他灵活就业）的毕业生相比，“待就业”毕业生相差最大的五项能力分别为：对复杂的社会组织和技术系统的了解能力、广泛的一般性知识、财经素养能力、计算机能力、创新能力。“待就业”毕业生群体在人力资本方面的表现具有以下两个主要特征：(1) 高等教育学业表现相对较差；(2) 个人能力提升普遍不高。

四、“待就业”毕业生如何告别“等待区”

以上对于“待就业”毕业生的群体特征、求职行为、学业表现等三方面的统计分析结果显示，尽管在毕业离校时有14.0%的高校毕业生处于“待就业”状态，但是其中仅有15.4%的毕业生属于“无业可就”（在全样本中的占比仅为2.2%），其余的毕业生属于“有业不就”（在全样本中的占比为11.8%）。针对尚在求职中的2021届高校毕业生和需要求职的2022届毕业生，本文提出以下就业建议。

（一）树立就业信心

高校毕业生年富力强，拥有高等教育学历，是青年中的优秀群体，是我国高质量发展中最宝贵的人力资源，每一位毕业生都是劳动力市场需要的人才。我国人口出生率自2016年开始逐年下降，2020年首次低于1%，劳动年龄人口从2010年开始负增长。有的经济学家认为我国的“刘易斯拐点”已经到来，即劳动力正由富裕变为短缺。因此，高校毕业生中的“待就业”是求职过程中不可避免的摩擦性失业，是短期现象，只要持续求职就一定能找到工作。

（二）改变就业观念

“待就业”毕业生表现出更加追求工作稳定，尤其青睐体制内工作的特点。但是，随着数字经济的蓬勃发展和三次产业中服务业占比的不断提高，全球就业市场表现出“非标准就业”成为大势所趋的现象。人力资源和社会保障部公布的数据显示，我国灵活就业人员规模已经达到2亿。高等学校学生信息咨询与就业指导中心的数据显示，2020届全国高校毕业生灵活就业的占比为16.9%，2021届高校毕业生灵活就业的占比下降为16.3%，说明高校毕业生对灵活就业的认识和接纳程度还很有限。

（三）积极主动求职

相比其他毕业生，“待就业”毕业生不仅开始求职的时间相对较晚，而且求职次数相对较少。由于劳动力市场存在信息不对称的现象，毕业生需要更加努力地求职，才能获得与个人能力、专业、兴趣、学历等匹配的工作。从求职渠道看，已确定就业单位的毕业生主要是通过学校发布的需求信息获得的（48.1%），其次是网络招聘信息（18.7%）。而“待就业”毕业生最主要的求职渠道是网络招聘信息。建议求职中的毕业生按照主次顺序，使用多种求职渠道。

（四）弥补能力不足

就业胜任力归根结底在于毕业生的学习力。现在的就业市场配置效率越来越高，用人单位对毕业生能力的需求也越来越高。从能力增值评价结果来看，在经济全球化、数字化、创新驱动的时代，高校毕业生在财经素养能力、计算机能力、数字能力、创新能力、外语能力、国际视野等市场需求大的能力指标上供给不足，而“待就业”毕业生表现得尤为严重。因此，“待就业”毕业生在求职过程中，要注意弥补学业和能力方面的不足之处，按照市场需要培养自己的能力。

（五）善用政策资源

为了解决高校毕业生就业、提高就业质量，教育部会同相关部门不断出台一系列促进就业的政策，启动促进就业的行动，并提供各类政策性就业岗位。毕业生应该善于抓住和利用政策性就业机会，积极响应，主动接受。另外，针对就业能力不足的问题，教育部组织实施了“全国高校毕业生就业能力培训项目”。

第三节　不就业现象

一、大学生自愿性不就业情况介绍

（一）概念

自愿性不就业是指现阶段高校毕业生在毕业后不主动参加工作，闲在家里或者依靠父母，自身不愿意就业或者不能就业。自愿性不就业是学生自身的主观选择，也是现阶段高校毕业生存在的一种客观状态，缺乏合理的职业生涯规划，缺乏时间观念与责任感，未能产生实际行动，造成不良的社会影响。由于该部分大学生缺乏责任感与危机感，经常出现贪图享乐情况，造成自身与正常社会生活之间出现明显的社会隔阂，影响人才的发展。

（二）类别

大学生自愿性不就业可以分为不同的类别：第一种，现阶段闲置在家的大学生，自身的思想意识中产生不自愿性，呈现出明显的消极性，对于不理想的工作不去做，主要依靠父母，被人们称为“啃老族”。由于长时间的消极生活，造成大学生不肯面对现实，不愿意吃苦，缺乏主动性，影响自身的发展。第二种，现阶段大学生出现的自愿性暂时不就业情况，部分学生为出国学习、考研等因素暂时放弃就业，虽然该类学生暂时没有就业，需要依靠父母或者朋友的资助，但自身具有明确的发展目标，在日常生活中可以付诸行动，呈现出一种积极的就业观念与思想。第三种，大学生在毕业后不会参与相关的就业招聘，通过父母、朋友或者自身的奋斗开展创业，具有明确的就业目标，可以积极主动地寻求就业机会，就业观念较为清晰，也属于特殊的自愿性不就业。

（三）影响

大学生自愿性不就业产生的影响较为明显，不仅对社会、教育产生影响，还对大学生自身的发展产生负面的限制，主要表现在以下几方面：第一，大学生出现自愿性不就业情况对当前的高等教育产生明显的负面影响，不仅对现阶段高等教育产生一定的警示作用，还客观地反映出现阶段高等教育存在的问题，需要进一步深化，构建全新的教育理念，保证当代大学生肩负起自身的责任，勇于承担社会责任，完善人格与自尊，产生独立意识，降低应试教育产生的影响，推动社会发展。第二，自愿性不就业思想对现阶段的大学生成长进程产生明显的影响，如果当代大学生一味地规避竞争与就业，将对自身的发展产生影响，钝化自身对社会的反应，限制社会化进程，难以实现自身的发展价值，同时逐渐对不劳而获产生习惯，影响终身的发展。第三，从多个角度展开分析，在发展过程中，自愿性不就业将严重影响现阶段的家庭收入，降低大学生的创造价值，导致创造价值的本质出现虚化与空泛化，该类现象直接造成现阶段的社会出现退化情况，限制社会的发展。

二、大学生自愿性不就业的主要原因

（一）社会物质生活的丰富导致大学生产生享乐意识

时代的发展促使我国全面建设小康社会步伐加快，人们生活水平逐渐提升，家庭财富增长，为当代大学生毕业后选择不就业提供了物质基础。同时，由于社会最低生活保障、弱势群体保障机制存在，造成现阶段的大学生出现自愿性不就业思想，最终影响社会的发展。

（二）传统家庭观念导致大学生难以实现经济独立

生活水平的提升促使当代学生的生活水平提升，从小成长中受到父母的百般呵护，并且由于溺爱等因素的存在造成社会适应能力较差，影响大学生的心理发展。同时，传统观念导致学生的人格与精神的发展关注力度不足，过于重视学生的物质需求，缺乏忧患意识与艰苦奋斗意识，缺乏自信心，最终产生就业困惑。

（三）财产性收入为自愿性不就业提供了可能性

由于现阶段的财产性收入较高，造成大学生的自愿性不就业思想越发明显，同时由于工资性收入较低，直接造成现阶段的大学生就业思想意识发生明显的变化，降低就业主动性，对社会的发展产生负面的影响。

三、大学生自愿性不就业的优化策略

（一）提升当代大学生教育的私人成本

当前，大学生自愿性不就业现状越发明显，直接降低了人的生产价值，并影响社会的稳定性。因此应加强重视力度，从多个角度创新，完善现阶段的思想，从根源上解决大学生自愿性不就业问题，促使其主动就业，推动社会发展。通过合理地提升大学生教育的私人成本可以控制现阶段的大学生的就业思想，促使其整体意识提升，优化现阶段的发展理念。例如，我国在1997年开始实行大学收费制度，推动大学教育公共资源从原本的义务型转向教育服务的提供者与消费者的交换关系，呈现出成本性与收益性，但学生缴纳费用的成本仅为学校教育的一小部分，低于培养学生的社会成本，因此应结合该情况从多个角度创新，完善当代大学生的思想，促使其整体的意识提升，形成正确的就业意识观念，降低外界因素产生的干扰，满足现阶段的发展需求。积极提升当代大学生教育的私人成本，让学生自己承担教育支出，避免学生家长承受，如引导学生通过贷款的方式支出，提升大学生自身的认知能力，同时缓解现阶段教育投入不足情况，实现义务教育的发展。利用提升大学生教育的私人成本，可以促使现阶段的学生树立良好的思想意识，在发展过程中建立全新的价值观念，对自身产生一定的督促效果，学生珍惜自身的学习机会，在毕业后会主动寻求就业，在发展过程中产生良好的就业意识，提升自身的生存能力。为学生营造优质的发展环境，激发出当代大学生自身的思想意识，优化其学习观念与就业观念，逐渐从根源上消除大学生自愿性不就业的原因，满足时代发展需求。

（二）灵活利用法律，划分子女父母的经济界限

相对来说，对于现阶段的大学生发展中，无论是提升其学费，还是提升其自主就业意识，引导学生学会自主承担学习费用，其主要的根源在于子女与父母之间存在的经济关系，因此应积极进行合理的创新，灵活利用现阶段的法律优势处理，优化其自身的意识思想，创新现有的社会环境，学生实现了自身的学习费用自己承担，优化其就业意识，达到最终的目的。如财产转让税可以作为新型的税种，针对现阶段非商业性的财产转让进行收税，现阶段全世界已经有一百多个国家与地区进行遗产税与赠予税的征收，可以帮助当代大学生逐渐划分与父母的财产，降低子女出现不劳而获的可能性，形成正确的意识观念。征收财产转让税还有助于促快“寄生者”阶层及时减少，推动社会创造财富者数量增加，带动现阶段的大学生创造价值提升。推动大学生的经济实现独立，改变传统的家庭观念，尤其是当代家庭中多数为独生子女，较为严重的，导致当代的大学生社会适应能力较差。通过促使大学生的心理与经济实现独立，可以促使学生提升自信心，在求职过程中不怕打击，形成完善的人格思想与艰苦奋斗精神，树立正确的责任观念，从根源上解决大学生自愿性不就业情况，营造良好的社会环境，带动社会稳定发展，帮助当代大学生突破就业困境，提升自身的综合素养水平，为以后的发展奠定良好的基础。

（三）提升工资性收入，降低财产性收入

我国的《2009 年深化经济体制改革工作的意见》中明确指出现阶段应深化房地产行业，加快行业的改革，改变传统的发展模式，创新现有的思想，优化现阶段父母购房、子女终身受益情况，提升工资性收入，降低个人所得税，缓解当代大学生的生存压力，深入挖掘学生自身的发展动力，促使其全面发展，改变传统的价值观念，适应新时代。

参考文献

[1] 王妍，闫洪雨，孙韬．职业生涯规划与就业指导［M］．苏州：苏州大学出版社，2022：281.

[2] 刘玉升．大学生职业生涯规划［M］．苏州：苏州大学出版社，2021：233.

[3] 李晓龙．基于社会认知职业理论的新时代大学生劳动教育实践路径探析［J］．大学，2020（20）：7-8.

[4] 方佳．大学生职业生涯规划与就业指导课程的教学改革与创新［J］．科学咨询（科技·管理），2023（07）：259-261.

[5] 陈文雯．社会学习理论在大学生职业生涯规划中的应用研究［J］．文教资料，2023（11）：164-167.

[6] 任焦阳，李明玉．大学生基层就业问题与对策研究［J］．就业与保障，2023（04）：109-111.

[7] 段姗姗，李思诺，宋怡．大学生职业生涯探索与人格、感知社会支持的关系［J］．牡丹江师范学院学报（社会科学版），2022（06）：73-81.

[8] 薛孟君．论新时代大学生“慢就业”现象［J］．山西农经，2020（23）：134-135.

[9] 李赛男．大学生职业生涯规划课程存在的问题与对策［J］．就业与保障，2021（13）：130-131.

[10] 王磊．大学生职业生涯规划之大学生涯实践初探［J］．发明与创新（职业教育），2021（05）：56+59.

［11］王乐．大学生职业生涯规划课程教学研究［J］．就业与保障，2021（07）：67-68.

［12］高昂．大学生职业生涯规划能力培育问题研究［D］．郑州：郑州大学，2020.

［13］龙琳．大学生职业生涯规划教育中思想政治教育的指导作用［J］．就业与保障，2020（03）：41-42.

［14］高涵婧，李美华．大学生理想信念对职业生涯规划的实效性探析［J］．今古文创，2020（06）：81-82+13.

［15］吉风雷．大学生职业生涯规划的影响因素及原因探讨［J］．智库时代，2019（47）：116-117.

［16］徐代珍．社会主义核心价值体系的大学生职业生涯规划教育探析［J］．南方农机，2019，50（22）：85-86.

［17］崔晓玲．大学生职业价值观的教育路径［J］．鞍山师范学院学报，2019，21（03）：86-89.

［18］陆宇，宋静伟．职业生涯规划指导与大学生创新创业教育［J］．中国就业，2024（05）：90-91.

［19］盖立伟，赵晓搏，李丽娜．高校大学生就业职业能力培养［J］．农场经济管理，2024（05）：62-64.

［20］徐平．以就业能力为导向的大学生职业生涯规划教育研究［J］．湖北开放职业学院学报，2024，37（08）：52-53+56.

［21］丁杰，唐玉兔，曾治霖．大学生慢就业现象的改进对策分析［J］．才智，2024（15）：131-134.

［22］李金萍．大学生“慢就业”原因分析及对策探索［J］．辽宁科技学院学报，2024，26（02）：102-104.